21世纪中职教育规划教材

U0754081

点 钞 与 收 银

DIAN CHAO YU SHOU YIN

主 编　廖　红　蒙丽容

副主编　梁明丽　谢碧宇　唐小娟

立信会计出版社

图书在版编目(CIP)数据

点钞与收银 / 廖红,蒙丽容主编. —上海:立信会计出版社,2008.8(2020.8重印)
21世纪中职教育规划教材
ISBN 978-7-5429-2158-1

Ⅰ.点… Ⅱ.①廖… ②蒙… Ⅲ.银行业务—专业学校—教材 Ⅳ.F830.4

中国版本图书馆 CIP 数据核字(2008)第 135737 号

策划编辑	余 榕	
责任编辑	余 榕	
封面设计	周崇文	

点钞与收银

Dianchao yu Shouyin

出版发行	立信会计出版社		
地　　址	上海市中山西路 2230 号	邮政编码	200235
电　　话	(021)64411389	传　　真	(021)64411325
网　　址	www.lixinaph.com	电子邮箱	lixinaph2019@126.com
网上书店	http://lixin.jd.com		http://lxkjcbs.tmall.com
经　　销	各地新华书店		
印　　刷	上海肖华印务有限公司		
开　　本	787 毫米×1092 毫米　　1/16		
印　　张	10.5		
字　　数	241 千字		
版　　次	2008 年 8 月第 1 版		
印　　次	2020 年 8 月第 12 次		
印　　数	32 801—35 900		
书　　号	ISBN 978-7-5429-2158-1/F		
定　　价	29.00 元		

如有印订差错,请与本社联系调换

总　序

我国社会主义市场经济的发展,需要大量不同层次的经济管理人才,不仅需要高层次的高级管理人才,如本科和高职高专等人才,也需要大量中职水平的适用性人才。培养结构合理的经济管理人才是社会的需要,也是教育工作者的责任和追求。近几年来,在政府的大力支持下,中等职业教育发展很快,它与高职高专相比更具有行业性和实践性,与实际工作联系更加紧密,学生毕业后能尽快地成为第一线的工人或基层管理人员,这也是我国中等职业教育的目的所在。但目前我国中等职业教育的教材滞后,或是本科教材和高职教材的"压缩饼干",其主要原因是没有突出行业性和实践性的特点,理论论述所占的篇幅过多,这就需要改进,也需要广大教育工作者或其他有识之士完成这项工作。本规划教材正是本着这样的思想,为适应我国中等职业教育的特点而编写的。

本规划教材的特点在于:理论论述适中,注重操作技能的培养,与当前的有关制度和具体实践相结合,目的在于让使用本规划教材的学生在熟悉必要的理论知识的前提下,系统地掌握实际工作的业务处理技术和方法,成为经济生活中第一线的具有较强操作技能的工作人员。

本规划教材由蒋金森担任总主编,根据目前我国中等职业教育开设的课程进行总的设计,并组织各中等职业学校具有高级职称的教师

担任各本教材的主编,由富有丰富教学经验的骨干教师参加编写。本规划教材具有较强的适用性,其编写特点是:每章前均有内容提要,起到了提纲挈领的作用,方便读者领会本章的重点、要点和难点;每章后附有有思考题和练习题,以使读者通过学习掌握本章的主要内容和具体的业务处理方法;在每本教材的最后附有练习题答案,还附有模拟试题及其参考答案,以使读者能够把整本教材的内容真正地融会贯通,增强操作技能。本规划教材适用于中等职业教育的教学使用,也可以作为在职经济工作者进修和自学教材使用。

本规划教材的出版得到立信会计出版社的大力支持,尤其是余榕编辑的鼎力协助才促使本规划教材得以顺利出版,在此表示衷心的感谢。

由于编者的学识有限,加之编写时间仓促,特别是对中等职业教育的精神领会尚不够深刻,本规划教材难免会有不足之处,恳请读者批评指正,以便再次修订时补充提高。

编　者

在经济发展的过程中,商品化和货币化是相辅相成的。随着改革的不断深化和经济的迅速发展,商品化程度日益提高,货币在社会经济生活中的作用日益明显,由于我国的传统习惯的影响和现行交易方式、交易手段相对落后的制约,现金交易始终占交易总额的10%左右。近年来,全国流通中的现金长期维持在17 000亿元以上。不管是国家、企事业单位,抑或是家庭个人,总免不了要与钞票打交道,因此,清点钞票的数量、识别钞票的真伪就显得十分重要。随着零售业的进一步发展壮大,如雨后春笋般涌现的大型超市、商场正以其产品齐全、价格实惠、购物环境优美等优点日渐受到人们的青睐。收银员职位的优厚待遇吸引了众多的求职者,要想在应聘时得心应手,同时在新的岗位上游刃有余,必须掌握收银方面的知识和技能。为满足大家学习的需要,编者根据多年的教学与实践经验,在收集大量资料的基础上编写了本书。

本书分四章进行介绍,第一章主要介绍点钞的基本要求和点钞的基本方法;第二章主要介绍人民币的基础知识、第五套人民币的票面特征和防伪特征以及识别假钞的方法。第三章主要介绍外币的一般常识及5种外币的防伪特征及鉴别。第四章主要介绍收银员作业守则与岗位职责、收银员职业道德规范、收银员日常操作流程、收银员的礼仪规范、操作收银机以及收银员应知应会的知识与技能等内容。

本书在编写过程中,重点突出了职业学校着重职业技能训练的特点,以能力本位理论为指导,突出实践性、适用性和技能性,内容简洁、图文并茂,对大家增加人民币的知识与提高钞票业务技能及掌握收银操作技能会有所裨益。

本书既可供全日制中职、高职教学使用,也可供银行干部培训和学员自学使用。

本书由廖红、蒙丽容任主编、梁明丽、谢碧宇、唐小娟任副主编。

由于编写时间仓促,加之作者水平有限,书中难免存在不足之处,恳请相关专家和读者积极指正,以使本书能及时得到完善。

编　　者

2008年7月

CONTENTS **目 录**

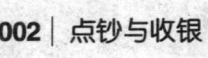

第一章

点 钞

学习要点 ｜ 　　本章主要讲述点钞的基本要求和点钞的基本方法，要求了解点钞的基本要求，重点掌握手工点钞的基本方法。

第一节　点钞概述

一、学习点钞的意义

点钞又称票币的整点，是财会、金融和商品经营等专业应该掌握的一项专业技术，是从事财会、金融和商品经营等工作必须具备的基本技能。不断改进提高现金整点的操作技术，对于提高工作效率，加速现金周转使用，调剂货币流通，促进国民经济发展具有重大意义。

二、点钞的基本程序

（一）拆把
把待点的成把钞票的封条拆掉，同时做好点数的准备。

（二）点数
手中点钞，脑中记数，点准每一张钞票。

（三）扎把
把点准的百张（或不足百张）的钞票墩齐，并用捆钱条扎紧，不足百张在捆钱条上写出实点数和金额。

（四）盖章
在扎好的捆钱条上加盖经办人名章，以明确责任。

三、点钞的基本要求

按照"五好钱捆"的标准，票币整点应当做到：票子点准、钞票墩齐、盖章清晰、挑出残票、捆紧票子。在票币整点过程中，一般都必须经过拆把、持票、清点、记数、墩齐、扎把、盖章这几个

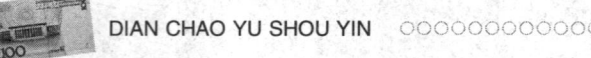

环节。所以,要掌握好票币整点技术,就应从上述几个环节中下功夫,必须做到以下几项具体要求。

（一）坐姿要端正

正确的坐姿应该是:两脚平踏地面,直腰挺胸,全身肌肉自然放松,双手配合协作,活动自如。

（二）操作定型,用品定位

指点钞时用的算盘、印泥、图章、海绵壶、点钞机、捆钱条等要按使用顺序固定位置放好,以便点钞时使用顺手。例如,将未清点的款项放在左侧,将海绵壶放在中间,捆钱条放在右侧上部,整点完的款项放在右侧,这样摆放紧凑、方位得当、距离适宜,便于操作。

（三）点数要正确

点钞技术的关键是一个"准"字。清点和记数的准确是点钞的基本要求。点数不准确不仅影响日常工作的质量,而且会产生差错,造成损失。

怎样才能做到点数准确呢?就是要在点数前做好思想准备、款项准备和工具准备。在点数时:① 精神要集中。② 坚持定型操作,坚持复核。③ 双手点钞,眼睛看钞,脑子记数,手眼脑紧密配合。

（四）票子要墩齐

点完一把钞票后,要把钞票墩齐后才能扎把。钞票墩齐要求:四条边水平,不露头,卷角拉平。

（五）钞票要捆紧

钞票捆扎应松紧适度。扎小把,以提起把中第一张,钞票不能被抽出为准。并按"井"字形捆扎的大捆,以用力推不变形、抽不出把为准。

（六）盖章要清晰

盖章是点钞过程中的最后一环,是分清责任的标志。所以,图章一定要盖得清晰,以便明确责任。

（七）动作连贯

动作连贯是保证点钞质量和提高效率的必要条件。

第二节　手工点钞的基本方法

点钞方法主要有手工点钞和机器点钞两种。一般企事业单位使用的主要还是手工点钞方法。常见的手工点钞方法有:单指单张点钞法、多指多张点钞法和扇面点钞法等。下面介绍几种常用的手工点钞的方法。

一、单指单张点钞法

单指单张点钞法分为手持式单指单张点钞法和手按式单指单张点钞法。

（一）手持式单指单张点钞法

手持式单指单张点钞法是用右手(或左手)拇指一次捻动一张钞票,对票币进行点数的方法。这种方法是点钞方法中最基本、最常用的,比较简单。

1. 特点

(1) 适用范围广。可用于收、付款和整点各种新旧、大小面额的钞票。

(2) 持票面积小,易发现假票,便于挑出损伤券。使用该种点钞方法,由于持票面积小,清点钞票时能看到的票面大,逐张捻动手感强,从而容易发现假票,便于挑出损伤券。

(3) 劳动强度较大。由于使用这种方法点一张就要记一个数,所以劳动强度较大。

2. 操作要领

(1) 持币。持币的具体方法如下:

左手:左手手心朝向自己,中指和无名指分开,票币正面朝下,左边二分之一处夹在中指和无名指之间,无名指和小指向内屈指,夹住票币(如图1-1所示)。

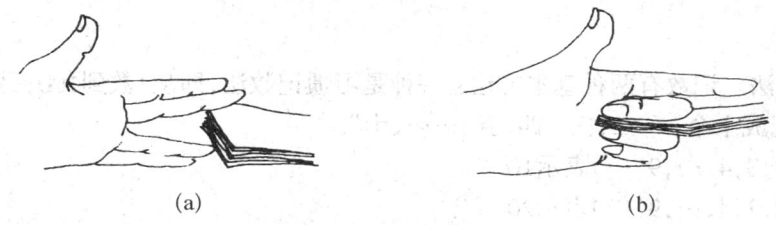

(a) (b)

图1-1 左手持币姿势

右手:右手拇指轻轻向后推压票币正面,同时左手拇指在左侧向侧后压推票币,食指在后拦腰托住,使票币成反弓形,票币左侧为小扇面状(如图1-2所示)。

(a) (b)

图1-2 左手持币姿势

点钞时,要注意姿势,身体坐直,两肩要平,两臂肘关节放在桌上,持币的左手手腕贴桌面,手心朝内,右手手腕抬起,两臂角度约成120度,眼离票面20厘米左右,做好点钞的准备(如图1-3所示)。

(2) 清点。钞票正面斜对点钞员,用右手拇指尖逐张向下捻动钞票的右上角,捻的幅度要小,不要抬得过高,以免影响速度。食指、中指在钞票背面托住以配合拇指捻动,无名指将捻起的钞票不断向怀里弹。清点中,拇指可沾水清点(如图1-4所示)。

图1-3 点钞姿势

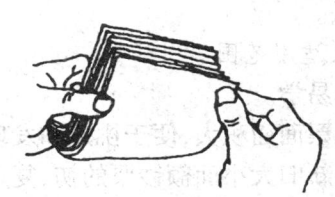

图1-4 清点姿势

注意事项：① 点钞时，右手拇指每一张捻动的位置相同，拇指接触票币的面积越小，速度越快。② 点钞时，票币的左下角要求在一个点上，左手的中指、无名指夹紧票币。两指的第二指关节在同一平面上，以防票币随着捻动而散把［如图1-5(a)所示］。③ 点钞时，票币左侧推出的小扇面要求每张的距离要匀称［如图1-5(b)所示］。

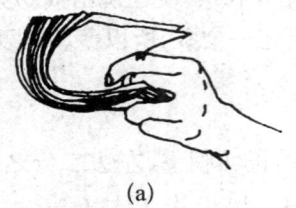　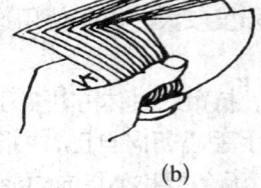

(a)　　　　　　　　　　　　　(b)

图1-5　点钞注意事项

（3）记数。

A. 记数方法。记数有两种基本方法：一种是习惯记数法，即从1数到100；另一种是单记数法，即将一百记成十个"一、二、三、四、五、……、十"。

也即：1,2,3,4,…,9(一)表示10

　　　　1,2,3,4,…,9(二)表示20

　　　　……

　　　　1,2,3,4,…,9(十)表示100

采用这种记数法的优点是将十位数变成一位数字，不仅准确，而且省力好记，可以提高工作效率。

B. 记数要求。① 点钞时注意力要集中。② 记数时嘴不能出声，不能有读数的口型。

（4）挑残破票币。点数过程发现损伤券，随手向外一扭，掖在外边，点完后抽出损伤券，补上完整票子（如图1-6所示）。

图1-6　挑残破票币的方法

（5）墩齐。点完100张后，左手拇指与食指、中指之间捏住钞票，无名指、小指伸向钞票的背面，使钞票正面朝向身体横执在桌面上，左右手松开墩齐，再将钞票竖起墩齐，使钞票四端整齐，然后左手持票做扎把准备。

（6）扎把（见后文专章讲述）。

（7）盖章。每点完一把钞票，都要加盖自己的名章，名章应盖在钞票上侧的捆钱条上，而且要清晰。

（二）手按式单指单张点钞法

手按式单指单张点钞方法是将钞票放置在桌案上，通过双手一次捻点一张钞票，对票币进行点数的方法。

1. 特点及适用范围

（1）简单易学。

（2）所见票面面积大，便于挑残和发现假票。

（3）适用新旧大小面额钞票的初、复点，特别适宜于整点辅币及破残券。

（4）速度稍比手持式慢。

2. 操作要领

（1）按钞及拆把。将钞票平放在桌面上，两肘自然放在桌面上。以钞票左端为顶点，与身体成45度角，左手小指、无名指按住钞票左面约三分之一处，小指在前，无名指贴着小指随后，中指自然弯曲，然后食指伸向纸条下端，将纸条勾断，中指、无名指、小指随即立起，用指尖按钞，手心朝下。食指与拇指张开抬起，为配合右手点数做准备（如图1-7所示）。

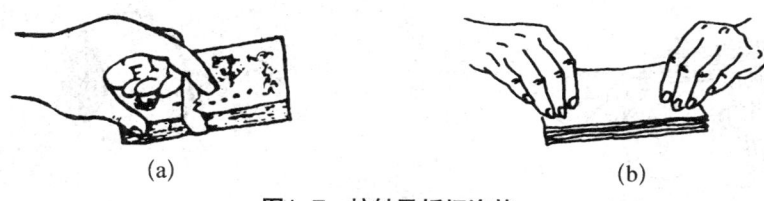

(a)　　　　　　　　　　　　　　　(b)

图1-7　按钞及拆把姿势

双手拇指轻轻托起钞票内侧边缘的小扇面，双手的食指轻轻放在钞票背面（如图1-8所示）。

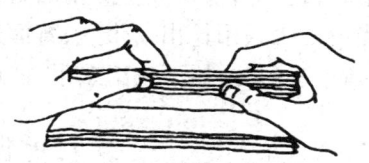

图1-8　双手拇指托起钞票姿势

（2）清点。右手掌心向下，右手腕抬起，中指伸直，拇指从钞票右端里侧托起部分钞票。食指指尖将钞票右侧内角与拇指摩擦后向里向上提，提起后左手拇指迅速接过，向上推，送到左手食指与中指之间夹住，依次连续操作（如图1-9所示）。

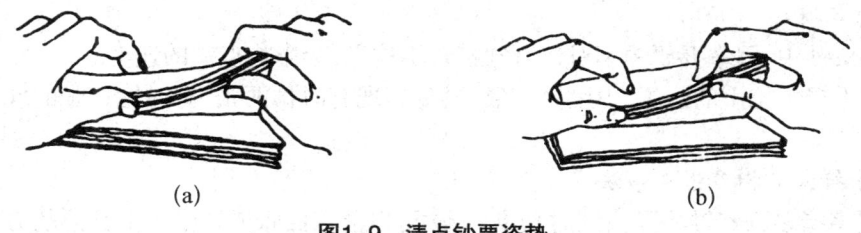

(a)　　　　　　　　　　　　　　　(b)

图1-9　清点钞票姿势

（3）记数。点一张，默记一张，记法为1,2,3,4,…,9（一）表示10；1,2,3,4,…,9（二）表示20；……；1,2,3,4,…,9（十）表示100。

二、多指多张点钞法

多指多张点钞法分为单指双张点钞法、手持式多指多张点钞法和手按式多指多张点钞法三种。

（一）单指双张点钞法

单指双张点钞法是在熟练掌握单指单张点钞法的基础上，通过右手拇指一次捻动两张钞票对票币进行点数的方法。

1. 操作要领

（1）持币：单指双张点钞法左手的持币动作同单指单张点钞法的持币动作。而右手的准备动作与单指单张点钞法准备动作的区别，是右手拇指用指肚轻轻按在票币的右上角（如图1-10所示）。

（2）指法：点钞时，右手拇指指肚上侧二分之一处（如图1-11所示）。

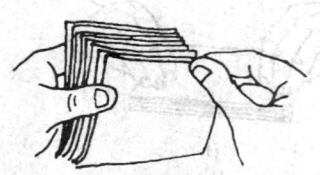

图1-10　持币姿势

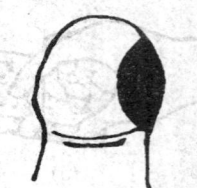

图1-11　清点部位

轻轻将第一张票币向右下方45度角的方向捻动（如图1-12所示）。

当拇指指尖接触第二张票币时，右手拇指指尖上侧稍加力，继续向右下方45度方向同时捻动两张票币（如图1-13所示）。当第二张票币捻出一个边，背面形成一个小的弧度时，无名指指尖将两张票币同时弹出，右手拇指迅速回位，捻下一组票币，往返运动，将票币点完。

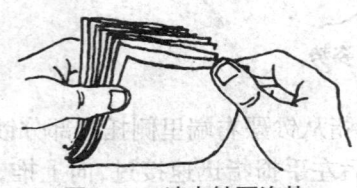

图1-12　清点钞票姿势

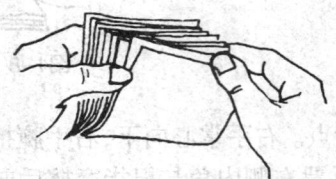

图1-13　清点姿势

2. 注意事项

（1）在点钞中，因掌握要领不对，动作脱节，不连贯，会影响点钞的速度。

（2）右手拇指捻币的位置、力度要一致，避免出现有时捻两张，有时捻三张的现象，而影响记数。

（二）手持式多指多张点钞法

手持式多指多张点钞法是指同时翻点，一次可以清点四张或四张以上钞票的方法，它是当前一种较快的手工点钞方法。

1. 特点

多指多张点钞法集多种特点于一体。较突出的特点有：

（1）点钞动作幅度小。多指多张点钞法的动作幅度小，在点钞过程中，手指到位、归位的时间少，点钞速度加快。

（2）记数少、易计算。每把钞票只需记25个数，便于清点后计算。

（3）每个周期点过的钞票较多。多指多张点钞法每个周期所清点的钞票数较多，相应地减少了周期的个数，减少了手指运动的周期数。

2. 适用范围

（1）适用于整点五角以上的票券，特别适用于清点整把钞票，适用于复点和竞赛。

（2）由于看到票币的面积小，不利于在点数的同时进行挑残，因此不适合整点残票。

3. 操作要领

（1）持币。

A. 右手握住票币右端，票币正面向外（如图1-14所示）。

B. 左手手心面向自己。中指在前，食指、无名指、小指在后卡住钞票最左端（如图1-15所示）。

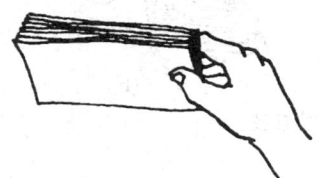

图1-14 持币姿势

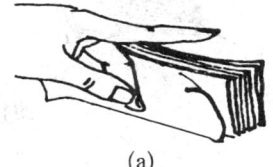

(a)

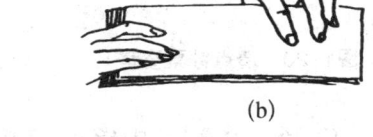

(b)

图1-15 持币姿势

C. 左手中指用力伸直，食指、无名指、小指弯曲，向手心方向用力将钞票左端卡成一个"瓦形"（如图1-16所示）。

D. 左手拇指在钞票左边边缘将钞票向外推出一个小扇面，同时将钞票右端竖起（如图1-17所示）。

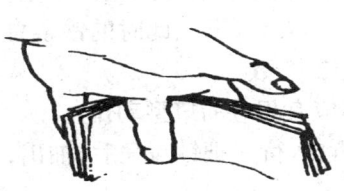

图1-16 持币姿势

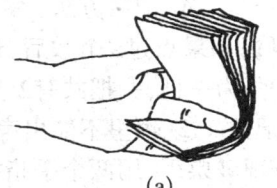

(a)

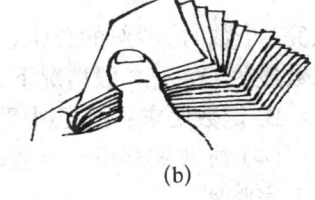

(b)

图1-17 持币姿势

E. 将钞票按顺时针方向旋转90度，这时手腕向外，钞票上角向自己一侧抬起（如图1-18所示）。

F. 右手拇指轻轻贴在钞票抬起的右上角的下面，食指、中指、无名指、小指弯曲，手心向下，小指点在右上角端点上（如图1-19所示）。此端点约定为A点。

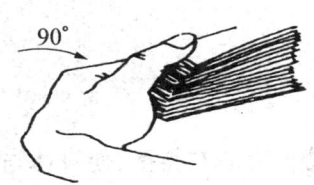

90°

图1-18 持币姿势

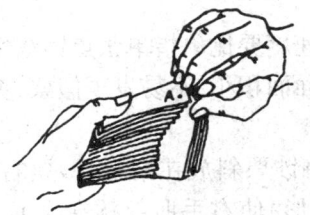

图1-19 清点钞票姿势

（2）点钞。

A. 右手小指指肚上部点在A位上，同时通过第一指关节向手心弯曲，使指肚上部至指尖部快速向下（偏向手心方向）捻动钞票（如图1-20所示）。

B. 当小指将第一张钞票向下挫出大约一指宽的票边时，将右手无名指指肚上部迅速点

在A位,通过第一指关节向手心的弯曲,使指肚上部至指尖部快速向下(偏向手心方向)捻动钞票。小指继续沿原方向向下带票,中指、食指动作同无名指,顺次捻票(如图1–21所示)。

图1–20 清点钞票姿势

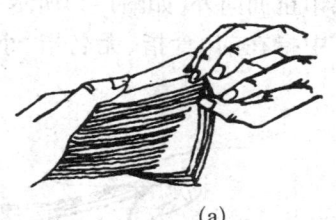

(a)

(b)

图1–21 清点钞票姿势

图1–22 清点钞票姿势

C. 当右手食指、中指、无名指、小指四个手指各点捻到一张钞票时,这四个手指同时用力向手心方向继续捻票动作,当第四张钞票捻出两指宽时轻抬一下手腕(使这四张钞票下垂,与未点票明显分开),开始第二个周期点捻钞票(如图1–22所示)。

如此反复点捻钞票,直至点完为止。

(3)记数。

A. 记数方法:每捻四张为一个周期,心中默记一个数。点完X个数时,钞票的总张数为4X;如果点过X个数后,还剩a张(0 < a < 4),那么此时的钞票总张数应为4X+a;一般情况下,100张为一把,一把共有25个周期需记25个数。

B. 记数要求:① 心中默默记数。② 嘴里不能出声音。③ 不应有相应的口型动作。

(4)挑残破票币。点数时发现破票币,用两个手指捏住向外折叠,待一把钞点完后,抽出,补上完整票。

注意细节:① 减少手腕动作。② 拨票时目光应集中在钞票右上角,以便于发现残券、拨空等。

(三)手按式多指多张点钞法

手按式多指多张点钞方法是将钞票放置在桌案上,通过双手一次捻点三张或四张钞票,对票币进行点数的方法。

1. 特点

(1)其清点速度要比单指单张点钞法快。

(2)所见票面面积小,不易发现假票,劳动强度大,但准确性大。

2. 操作要领

(1)按钞。将钞票斜放在桌上,钞票右下角稍伸出桌面。坐在椅子上向右斜摆,使身体与桌子成一个三角形,使右手肘部枕在桌面上,左手中指、无名指、小指按住钞票的左上角(如图1–23所示)。

(2)清点。右手拇指托起右下角的部分钞票,小指卷曲。三指点钞是以无名指先捻起第一张,随即以中指、食指顺序各捻起一张。四指点钞是先用小指捻起一张。捻起的三张或四张钞票用左手拇指推送到食指、中指间夹住。点数时手指不要抬高,以免影响速度(如图1–24所示)。

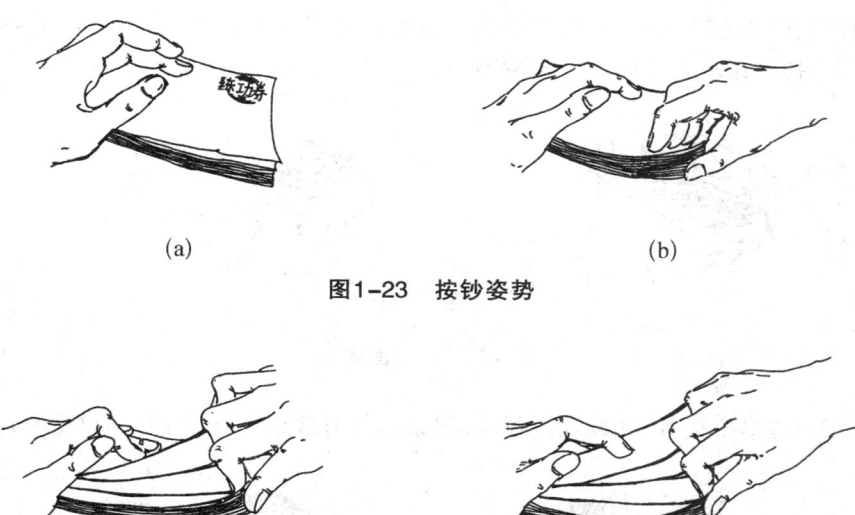

(a)   (b)

图1-23　按钞姿势

(a)   (b)

图1-24　清点钞票姿势

（3）记数。采用分组记数法。三张点钞是每三张为一组,记一个数,数到33组最后剩一张,即为100张。四张点钞是每四张为一组,记一个数,数到25组正好是100张。

（4）挑残破票币。点数过程中发现残破票币,即用两个手指夹住(其他手指松开),抽出来,点完后补进完整票。

三、扇面点钞法

（一）扇面点钞法的适用范围

扇面点钞法是清点时,钞票展成扇面形状,右手一指或多指依次清点,清点速度较快的一种点钞方法。它适用于收、付款的复点,特别是对大批成捆钞票的内部整点作用更大。它的优点是效率高,缺点是看不清票面,不能挑剔残破票和鉴别假钞。

扇面点钞法主要有一指多张点钞法和扇面式多指多张点钞法。

（二）操作要领

（1）持币。 票币竖拿,正面朝内,左手的拇指在前,食指、中指在后捏住票币下端的中心,无名指、小指放松,自然放在钞票后面,右手拇指放在票币右侧边三分之一处,其余四指托在钞票的后面(如图1-25所示)。

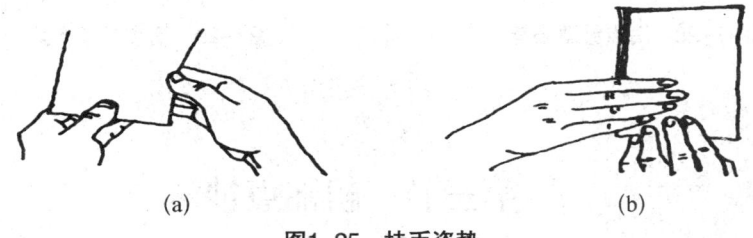

(a)   (b)

图1-25　持币姿势

（2）打扇面。打扇面时,以左手的拇指、食指、中指持币点为轴,右手拇指向左侧推票币的

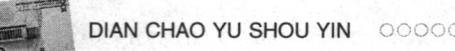

右边,同时食指、中指在票币的后面,将票币的右侧向左下方压,压出一个弧时,食指、中指由后向前,向右侧推拉票币的背面(如图1-26所示)。

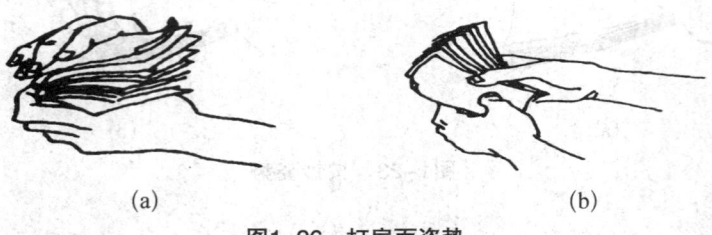

(a)   (b)

图1-26 打扇面姿势

使票币左右边缘稍错开,如此往返运动,将票币打开成扇面状(如图1-27所示)。

(a)   (b)

图1-27 打扇面姿势

(3)记数方法。记数时,注意手眼的配合,用分组记数法,一按5张(或一按3张、4张也可以),即每5张为一组,每一组记一个数,5张一组数到20,正好100张;一按10张,即每10张为一组,数到10,正好100张;以此类推。

(4)记数指法。

A. 一指:右手轻轻托住票币的背面,眼睛看准张数,拇指指肚卡数票币并下压(如图1-28所示)。食指迅速前移卡住已点过的票币,拇指回位继续向下点数票币。如此往返运动将票币点完。

B. 二指:右手轻轻托住票币的背面,眼睛看准张数,先拇指指肚向下卡数票币前五张,拇指完成卡数的同时,二指指肚卡数后五张,如此往返,将票币点完(如图1-29所示)。

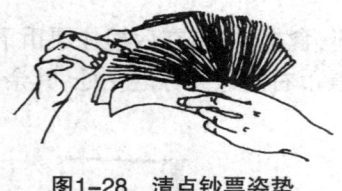   

图1-28 清点钞票姿势   **图1-29 清点钞票姿势**

第三节 机器点钞法

机器点钞就是使用机器清点票币的数额。机器点钞速度快,适用于现金收入较多的单位,用于清点整齐的大票。使用机器整点票币,可以减轻工作人员的劳动强度。

一、硬币整点机

特点:50枚为一卷,包封结实,币端两面包封纸,可以使币面露出一部分,清楚地看出是几分币卷。

二、纸币整点机

常见点钞机有卧式点钞机、立式点钞机、封闭式(真空)点钞机等。

卧式点钞机使用时票面在输钞带上摊开,便于查点票面是否一致。

立式点钞机可按要求数目清点,一次最多可数200张,可挑残券,发生卷叠重张券时,机器可报警,红灯显示并停机。

封闭式(真空)点钞机工作时杂音小,由于是封闭型,可以防止整点时灰尘飞散。

三、点钞机操作要领

(1)检查点钞机的运行状况,调试要求做到不松、不紧、不吃、不塞。

(2)待清点的票币放桌面右侧。

(3)拆把:右手拇指在钞票上面,其余四指在钞票下面,捏住钞票右下角,左手将扎把纸条撕下,放在桌子左侧,把钞票间成前低后高的坡形。

(4)清点:将钞票轻轻放入钞斗内,使其自然下滑。

(5)扎把:清点完毕后墩齐扎把,盖章。

四、使用点钞机器的注意事项

(1)无论是哪种机器,使用前首先要检查是否安装好安全地线,以保护机器的(集成)电路,防止操作人员触电。

(2)接上电源,打开机器开关,使机器运转,观察机器运转是否正常,荧光数码是否显示"00"或"000"。

(3)试验捻钞力是否合适,观察一下钞票是否通畅整齐,记数是否准确。

第四节 捆扎钞票

扎把时,纸币不论票面金额的大小,都是以100张为一把,按券别用宽2厘米、长50~60厘米左右的纸条分别扎把,每把须盖带行号的经手人名章。

一、持币

将清点好戳齐的票币横立,正面向内。左手拇指以票币的左侧二分之一处捏在票币的正面(如图1-30所示)。其余四指捏票币的背面(如图1-31所示)。拇指向后,四指向前用力,将票面压成向内的一个弧度,如同瓦形(如图1-32所示)。

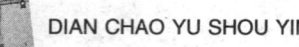

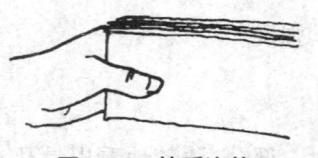

图1-30　持币姿势

图1-31　持币姿势

图1-32　持币姿势

二、压条

压条指法常用的有四种。

（一）钞后直接压条法

左手的食指、中指将腰条一端的2~3厘米，从上向下压在票币的背面二分之一处（如图1-33所示）。

（二）钞后折叠压条法

将腰条的一端，用左手的食指横着压在票币背面二分之一处，腰条的上边缘平齐票币的上边缘（如图1-34所示）。

缠绕时右手将腰条向左折90度，左手食指、中指压在折角处（如图1-35所示）。

图1-33　钞后直接压条法姿势

图1-34　钞后折叠压条法姿势

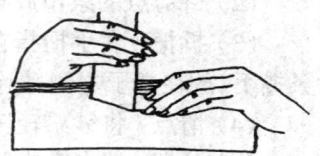

图1-35　腰条折角图

（三）中间夹条法

左手持币，左手食指放在票币的上边缘，将票币从中间拨开一条缝（如图1-36所示）。

(a)　　　　　　　　　　　　　　　(b)

图1-36　中间夹条法姿势

（四）拧结法

双端拧结法要选用拉力较强的牛皮纸或类似纸张，宽度同上，长度为30厘米左右。

1. 持币

扎把时左手持币，拇指在前，食指压在上侧，其余三个手指捏在钞票后面。右手拇指和食指捏住纸条1/3处，另一端放在钞票上侧中间，用左手食指压住（如图1-37所示）。

2. 拧结

右手将纸条绕向后面，用右手拇指和食指捏住纸条两端，然后将左手捏住钞票上下两侧，右手从钞票背面中间向里顶住钞票，使其成瓦形，并捏紧纸条两端。左手将钞票向外转动半圈时,将拧好的纸条打结拧紧即可(如图1-38所示)。

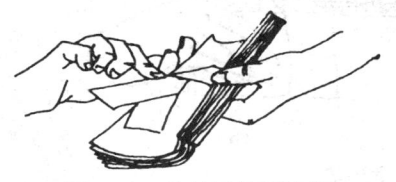
图1-37 拧结法持币姿势

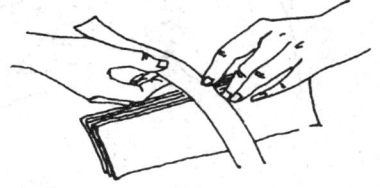
图1-38 拧结姿势

三、扎把

左手持币,右手的拇指、食指、中指捏腰条向内、向下、向外(或向内)、向上缠绕(如图1-39所示)。

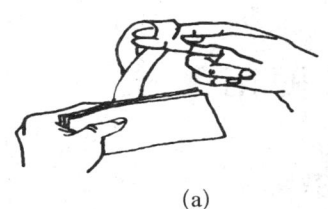
(a)

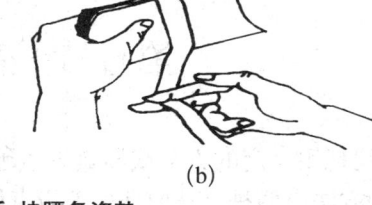
(b)

图1-39 持币、持腰条姿势

腰条向上缠绕至与票币成垂直部位时,右手要有点拉力,使腰条缠紧(如图1-40所示)。

在缠绕时,右手有个倒手动作。当腰条缠绕剩15厘米左右时,右手拇指、食指、中指压住腰条,沿票币边缘向右折90度(如图1-41所示)。

右手拇指按住折角处,食指、中指将腰条头掖入票币与腰条之间的空隙中(如图1-42所示)。

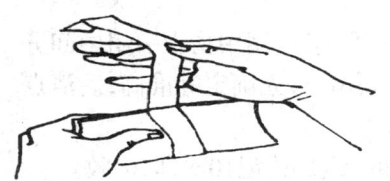
图1-40 腰条缠绕姿势

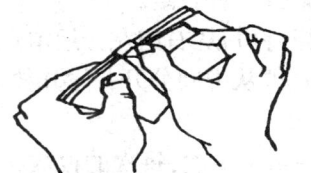
图1-41 腰条缠绕姿势

图1-42 腰条头处理姿势

用双手将瓦形票币反向压平,最后在票币的侧面腰条处加盖名章(如图1-43所示)。

临柜时,百张扎把腰条缠绕在票币的中间,不足百张腰条缠绕在票币的左端一侧(如图1-44所示)。

钞票够100张即成把。扎把是点钞的一道重要程序,有一定的技术要求和质量标准,既要扎的快,又要扎的紧。一般以每两秒钟扎一把为快,成把后最上面一张用手自然提起抽不出为紧。

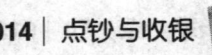
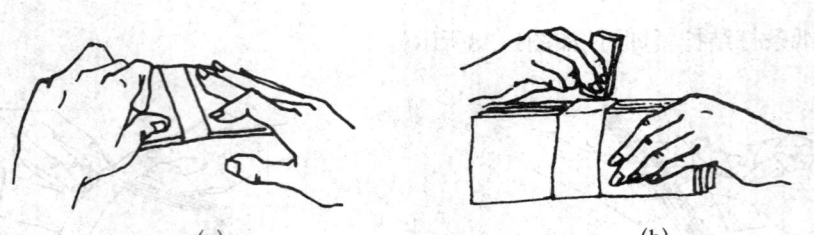

(a)　　　　　　　　　　　　　　　(b)

图1-43　压平钞票及盖章姿势

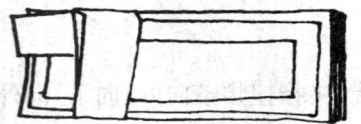

图1-44　不足百张钞票腰条缠绕图

第五节　清点硬币

清点硬币,就是用一定的方法或器具查点硬币的数额。

清点硬币的方法有两种:一种是手工清点硬币法;另一种是工具清点硬币法。

一、手工清点硬币法

(一)手工清点硬币法的适用范围

手工清点硬币法就是用手工整点硬币的方法。一般常在收款、收点硬币尾零款时使用。

(二)手工清点硬币法的步骤

(1)拆卷。右手持硬币卷的三分之一部位,放在包装纸的中间,左手撕开硬币包装纸的一头,然后右手大拇指向下从左至右端压开包装纸,把纸从券的上面压开后,左手食指压硬币,右手抽出已压开的包装纸。这样即可准备清点。

(2)清点。用右手拇指和食指持币,从右向左分组清点。为了准确,可用中指在一组中间分开查看。例如,一次点12枚为一组,即从中间分开,一边6枚。零头硬币,可先确定标准高,后清点数量。

(3)记数。采用分组记数,一组为一次,每次的枚数相同,如一组10枚记10次即100枚。

(4)包装。清点完毕后,用双手的无名指分别顶住硬币的两头,用拇指与食指、中指捏住硬币的两端,将硬币取出放在已备好的包装纸二分之一处,再用双手拇指把里半部的包装纸向外推卷,然后用双手的中指、食指、拇指分别将两头包装纸压下均贴至硬币上,这样硬币两头压三折包装完毕。一般可使用两角式包装纸包装硬币,用纸包装硬币的方法如图1-45所示。

(5)盖章。左手滚动币卷,右手顺着滚动方向盖章,对不足100枚的要标明数量、金额。

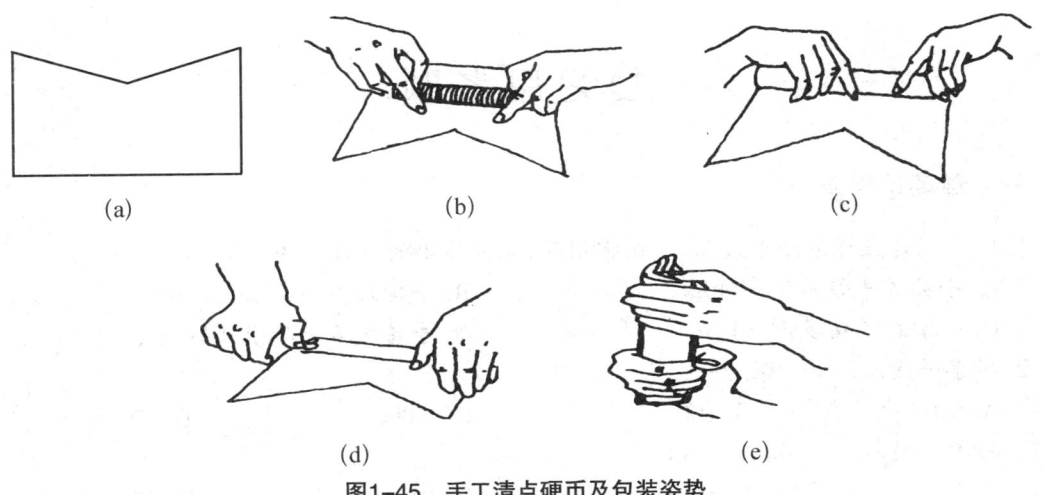

(a)　　　　　　　(b)　　　　　　　(c)

(d)　　　　　　　(e)

图1-45　手工清点硬币及包装姿势

二、工具清点硬币法

工具清点硬币法就是用器具清点硬币的方法。大批的硬币清点需用工具来进行。

清点硬币用的工具叫硬币清点器。目前,使用比较普遍的有推动式和拉锁式两种清点器。

(一) 推动式硬币清点器的操作方法

1. 准备工作

将清点器放在点钞员正面的桌面上,准备好两角式包装纸。

2. 拆卷

(1) 摔开法拆卷。双手拇指、食指和中指捏住硬币卷两端,由上向下摔在硬币清点器币槽边上,使硬币包装纸震裂开。然后用双手将硬币卷由里向外推入币槽内,并将硬币纸卷顺势提起,准备清点。

(2) 撕角法拆卷。双手拇指、食指、中指捏住硬币卷两端,将硬币放在币槽内的同时撕去两端折角,顺势将硬币包装纸拉出准备清点。

(3) 清点。用双手拇指推动制动器的推把,使币槽内的活动币齿前移,把币槽内硬币前后交错分开,目测每组5枚无错后,双手拇指松开复原,准备封卷。

(4) 封卷。硬币按100枚一组封卷。双手无名指和小指并拢顶住币槽内硬币两端,食指和中指在币卷前,拇指在币卷后中间,同时紧紧捏住,从币槽内提出,放在两角包装纸中间。双手拇指将包装纸底端掀起,将硬币卷在纸内,并向前滚动一圈,同时,用无名指、中指、食指在硬币两端将包装纸3次折起即可。

(5) 盖章。左手滚动币卷,右手顺着滚动方向盖章,对不足100枚的要标明数量、金额。

(二) 拉锁式硬币清点器的操作方法

拉锁式硬币清点器在清点硬币时与推动式硬币清点器基本相同,所不同的是制动器安装部位不一致。它的制动器安装在清点器的本部;且是拉锁式,靠手来回拉动,使币槽内的硬币交错分布进行清点。其他程序与方法均相同。

采用工具清点硬币法,在摔开法拆卷时,要注意掌握好持币姿势、部位;在撕角法拆卷时,拇指指甲要用力作用;封卷时双手动作要连贯、协调,卷纸和折角必须在同一时间完成。

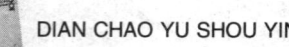

复习思考题

一、单项选择题

1. ( )是点钞方法中最基本、最常用的,比较简单的一种方法。
   A. 手按式单指单张点钞法　　　　　　　B. 手持式多指多张点钞法
   C. 手按式多指多张点钞法　　　　　　　D. 手持式单指单张点钞法
2. 钞票一般以( )张为一把。
   A. 200　　　　　B. 100　　　　　C. 1 000　　　　　D. 50
3. 钞票一般以( )把为一捆。
   A. 20　　　　　B. 100　　　　　C. 10　　　　　D. 50

二、多项选择题

1. 点钞方法主要有( )和( )两种。
   A. 手工点钞法　　　　B. 机器点钞法　　　　　　C. 手持式单指单张点钞法
   D. 扇面点钞法　　　　E. 多指多张点钞法
2. "五好钱捆"是指票币整点应当做到( )。
   A. 票子点准　　B. 钞票墩齐　　C. 盖章清晰　　D. 坐姿端正　　E. 捆紧票子

三、判断题

1. 在扎好的捆钱条上加盖经办人名章,主要目的是明确责任。　　　　　　( )
2. 点钞技术的关键是一个"快"字,准不准都可以。　　　　　　　　　　( )
3. 钞票墩齐要求是四条边水平,不露头,卷角拉平。　　　　　　　　　　( )

四、简答题

1. "五好钱捆"的标准是什么?
2. 点钞的基本程序有哪些?
3. 简述手持式单指单张点钞法的概念、特点及范围。
4. 简述手按式单指单张点钞法的概念、特点及范围。
5. 简述手持式多指多张点钞法的概念、特点及范围。
6. 点钞机操作要领有哪些?
7. 压条指法常用的有哪几种?

第二章

人民币常识

学习要点 ┃ 　　本章主要讲述人民币的基础知识、第五套人民币的票面特征和防伪特征以及识别假钞的方法。要求了解中华人民共和国货币概况，重点掌握假钞的鉴别方法及第五套人民币的票面特征和防伪特征。

第一节　人民币的基础知识

　　货币是一般等价物，是商品和劳务交换的媒介，是财富的代表。在社会经济生活中，货币既是一种流通手段，也是一种支付手段，还是国际间转移财富的手段。世界上大多数国家都有自己的货币，有些国家的货币甚至走向世界，成为世界货币。人民币是指中国人民银行依法发行的货币，包括纸币和硬币，人民币是我国目前流通的法定货币。它的单位为元，辅币为角、分，用它可以支付我国境内的一切公共的和私人的债务。国务院授权中国人民银行为全国发行货币的机关，人民币由中国人民银行统一印制、发行。国家规定，人民币是信用货币，人民币不规定含金量，是不兑现的信用货币。人民币以现金和存款货币两种形式存在，现金由中国人民银行统一发行，存款货币由银行体系通过业务活动进入流通，中国人民银行依法实施货币政策，对人民币总量和结构进行管理和调控。

　　目前，流通中的人民币主币有1、2、5、10、20、50、100元共7种券别，辅币为1、2、5分和1、2、5角共6种券别。人民币的符号为"¥"，取人民币单位"元"字的汉语拼音"YUAN"的第一字母Y加两横，读音同"元"。人民币国际货币符号为CNY。

一、人民币的印制与设计

　　1948年12月1日，中国人民银行成立并开始发行人民币，标志着中国印钞事业翻开了新的一页。至2002年，我国已设计印制了五套人民币，同时利用印钞设备和技术生产了大量的增值税专用发票、有价证券、出国护照、银行票据、高级防伪纸张和各种防伪油墨。生产能力从小到大，技术水平从弱到强，从钞票设计到印制的每个环节都拥有一批高素质的专业技术人才，生

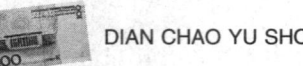

产规模、专业门类等位居世界同行之首,综合实力达到国际水平。

新中国成立五十多年来,中国印钞坚持独立自主、自力更生的方针,艰苦奋斗、发奋图强,在引进国外先进技术的同时通过消化、吸收、创新,独立研制开发了一系列印钞和钞票纸制造的新设备、新技术、新工艺与新材料。

1949年,新中国成立以来,中国造币生产能力和技术水平得到了迅速提高。特别是在钞票设计制版、钞票纸制造、油墨研制、专用印钞设备研制、产品印制质量和防伪技术水平等方面取得了令人惊叹的长足进步,形成了融优秀民族传统技艺与最新科学技术成果于一体、独具艺术魅力和防伪特点的现代化印钞、造币技术。至2002年,我国已经设计和铸造了4套流通硬币,同时还以金、银、铂金、铜、铝、镍、铜锌、镍包钢等为材质,以先进的技术和精湛的工艺铸造了小至1克、大至10千克金币的各类纪念币(章)上千种。1999年,沈阳造币厂研发铸造的千年大金币重达10千克,堪称世界第一。这些纪念币以中华民族五千年博大精深的人文历史、自然景观、重大政治历史题材等为背景,以独具匠心的提炼选材、新颖细腻的设计雕刻、精致考究的加工铸造、鲜明浓郁的民族风格和独特的艺术魅力享誉海内外,1983年版熊猫金币、中国壬戌(狗)年纪念银币、生肖金银系列纪念币等多种产品在国内外屡屡获奖。

中国在引进、消化国外造币技术的同时,依靠自己的力量,不断研制出具有国际水平的造币设备、材料、技术、工艺和产品,分别在沈阳造币厂、上海造币厂、南京造币厂建成了铜合金、镍包钢、铜包钢三大造币材料生产基地,形成了独具中国特色、技术先进、工艺独特、防伪技术不断创新的现代化造币体系,在国际造币界占有重要的地位。

二、中华人民共和国货币概况

我国货币历史悠久,种类丰富,绚丽多彩。人民币在我国货币文化历史中占有重要地位。

中华人民共和国货币自发行以来,历时五十多年,随着我国经济建设的发展以及人民生活的需要而逐步完善和提高。至今已发行五套人民币,形成纸币与金属币、普通纪念币与贵金属纪念币等多品种、多系列的货币体系。

(一)第一套人民币

第一套人民币自1948年12月1日开始发行,共12种面额62种版别,其中:1元券2种、5元券4种、10元券4种、20元券7种、50元券7种、100元券10种、200元券5种、500元券6种、1000元券6种、5000元券5种、10000券4种、50000元券2种(1949年发行的正面万寿山图景100元券和正面列车图景50元券各有两种版别)。

1948年,随着人民解放战争的顺利进行,分散的各解放区迅速连成一片,为适应形势的发展,亟需一种统一的货币替代原来种类庞杂、折算不便的各解放区货币。为此,1948年12月1日,在河北省石家庄市成立中国人民银行,同日开始发行统一的人民币。当时任华北人民政府主席的董必武同志为该套人民币题写了中国人民银行行名。

人民币发行后,逐步扩大流通区域,原各解放区的地方货币陆续停止发行和流通,并按规定比价逐步收回。1949年年初,中国人民银行总行迁到北平(今北京),各省、市、自治区相继成立中国人民银行分行,至1951年年底,人民币成为中国唯一合法货币,在除台湾、西藏以外的全国范围流通(西藏地区自1957年7月15日起正式流通使用人民币)。

统一发行人民币是为迎接全国解放采取的一项重大措施,它清除了国民党政府发行的各种货币,结束了国民党统治下几十年通货膨胀和中国近百年外币、金银币在市场流通买卖的历史,促进了人民解放战争的全面胜利,在新中国成立初期经济恢复时期发挥了重要作用。第一套人民币一览表如表2-1所示。

表2-1　第一套人民币一览表

券　别	图　案		主　色	发行时间
	正　面	背　面		
1元	工人和农民	花　符	蓝、粉	1949.1.10
1元	工　厂	花　球	浅蓝、红蓝	1949.8
5元	牧　羊	花　符	绿	1949.2.23
5元	帆　船	花　符	蓝	1949.1.10
5元	牛	花　球	蓝	1949.7
5元	经　纱	花　符	黄、棕	1949.8
10元	木　工	花　符	黄、粉	1949.2.23
10元	灌　田	花　符	浅绿、深绿	1948.12.1
10元	火车站	花　符	茶	1949.5.25
10元	工人和农民	宝　塔	浅绿、深绿	1949.8
20元	施　肥	大花球	深绿、咖啡	1949.12.1
20元	推　车	花　符	绿、蓝、咖啡	1949.2.23
20元	万寿山(甲)	花　符	浅蓝、蓝	1949.7
20元	公　交	花　球	蓝绿、黑黄	1949.8
20元	火车、帆船	花　符	紫	1949.8
20元	打　场	花　符	深蓝、浅蓝	1949.9
20元	万寿山(乙)	花　符	紫红	1949.10
50元	水　车	花　符	浅蓝、红黑	1948.12.1
50元	火车、大桥(甲)	汽　车	紫红	1949.2.10
50元	列车(甲)	花　符	黄、蓝、黑	1949.3.20
50元	列车(乙)	花　符	黄、蓝、黑	1949.4
50元	火车、大桥(乙)	汽　车	深　蓝	1949.6
50元	工人和农民	花　球	浅咖啡	1949.8
50元	压道机	车　马	浅蓝、绿灰	1949.10.3
100元	耙　地	花　符	蓝、黄、红、黑	1949.1.10
100元	火车站	花　符	蓝、绿、茄紫	1949.2.5

（续表）

券　别	图　案		主　色	发行时间
	正　面	背　面		
100元	万寿山（甲）	火　车	绿	1949.2.5
100元	万寿山（乙）	火　车	绿	1949.3.20
100元	工　厂	花　符	藕荷红	1949.3.20
100元	北海桥（甲）	花　符	蓝、紫、黑	1949.3.25
100元	北海桥（乙）	花　符	黄、黑、紫、灰、蓝	1949.7
100元	轮　船	大花座	藕荷红	1949.8
100元	运　输	花　符	深黄、栗茶、黑	1949.11.5
100元	帆　船	花　符	赭　石	1950.1.20
200元	颐和园	花　符	黄、蓝	1949.3.20
200元	排云殿	花　符	黄、紫、绿	1949.5.8
200元	长　城	花　符	绿、茄紫	1949.8
200元	钢铁厂	花　球	黄、蓝、咖啡	1949.9
200元	割　稻	花　符	黑　蓝	1949.10.20
500元	农　村	花　符	深　茶	1949.9.10
500元	正阳门	花　符	灰绿、淡紫、黑	1949.9.10
500元	起重机	花　符	浅咖啡	1949.10.3
500元	收割机	花　符	豆　绿	1949.10.20
500元	种　地	花　符	绿、紫、黑、酱红	1951.4.1
500元	瞻德城	花符（有维文）	浅蓝、酱紫红	1951.10.1
1000元	耕　地	天　坛	浅紫、深灰	1949.9.11
1000元	秋　收	花　符	浅蓝、浅黄	1949.10.3
1000元	三台拖拉机	割　麦	蓝　黑	1949.11.15
1000元	推　车	轮　船	浅蓝、紫	1949.12.23
1000元	钱塘江桥	花　球	黑绿、蓝黑	1950.1.20
1000元	牧　马	花符（有维文）	浅蓝、深绿	1951.10.1
5000元	耕地机	花　符	浅蓝、葱绿、黑蓝	1950.1.20
5000元	工　厂	花　球	深　茶	1950.1.20
5000元	骆　驼	花符（有蒙文）	浅绿、深绿	1951.5.17

（续表）

券 别	图 案		主 色	发行时间
	正 面	背 面		
5000元	牧 羊	花符（有维文）	浅绿、深茶	1951.10.1
5000元	渭河桥	花 符	紫 茶	1953.9.25
10 000元	轮 船	花 符	杏黄、浅蓝、墨绿	1950.1.20
10 000元	双马耕地	牧 牛 羊	黄、深棕	1950.1.20
10 000元	牧 马	花符（有蒙文）	浅紫、红茶	1951.5.17
10 000元	骆 驼	花符（有维文）	茶 红	1951.10.1
50 000元	新 华 门	履带拖拉机	蓝黑、红绿	1953.12
50 000元	收 割 机	生 产 图	红、紫、绿	1953.12

第一套人民币票样如图2-1所示。

 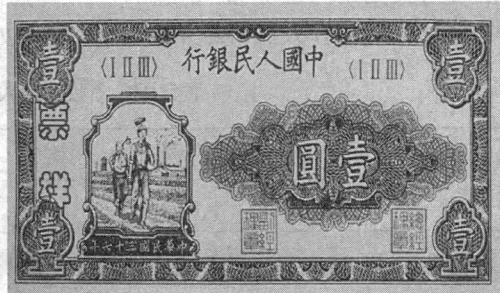

图2-1 第一套人民币票样

（二）第二套人民币

第二套人民币是在第一套人民币的基础上于1955年3月1日开始发行的。当时已消除战争给国民经济带来的影响，工农业生产迅速恢复和发展，商品经济日益活跃，市场物价稳定。国家财政在收支平衡的基础上，连续几年收大于支，国家商品库存、黄金储备也连年增加，货币制度相应巩固和健全，一个独立、统一的货币制度已建立起来。但是，由于解放前连续多年的通货膨胀遗留的影响没有完全消除，第一套人民币的面额较大（最大为50000元），而且单位价值较低，在流通中计算时，以万元为单位，不利于商品流通和经济发展，给人民生活带来极大不便。另外，由于受当时物质条件和技术条件的限制，第一套人民币的纸张质量较差，券别种类繁多（62种），文字说明单一，票面破损较严重。

为了改变第一套人民币面额过大等不足，提高印制质量，进一步健全我国货币制度，1955年2月21日，国务院发布命令，决定由中国人民银行自1955年3月1日起发行第二套人民币，收回第一套人民币。第二套人民币和第一套人民币折合比率为：第二套人民币1元等于第一套人民币1万元。

1955年3月1日公布发行的第二套人民币共10种，1分、2分、3分、1角、2角、5角、1元、2元、3元和5元，1957年12月1日又发行10元1种。同时，为便于流通，国务院发布命令，自1957年12月1日起发行1分、2分、5分三种硬币，与纸分币等值流通。后来，对1元纸币和5元纸币的图案、花纹又分别进行了调整和更换颜色，于1961年3月25日和1962年4月20日分别发行了黑色1元券和棕色5元券，使第二套人民币的版别分别由开始公布的11种增加到16种。1964年4月14日，中国人民银行发布了《关于收回三种人民币票券的通告》，决定从1964年4月15日开始限期收回苏联代印的1953年版的3元、5元和10元纸币，1964年5月15日停止收兑和流通使用。

第二套人民币在设计、印制发行工作中，得到了周恩来、陈云等中央领导同志的极大关怀和高度重视。他们亲自审查了整个设计方案。在设计时，采纳了周总理提出的许多具体的、宝贵的修改意见，使第二套人民币设计主题思想明确，印制工艺技术先进，主辅币结构合理，图案颜色新颖。第二套人民币主景图案内容体现了新中国社会主义建设的风貌，表现了中国共产党革命的战斗历程和各族人民大团结的主题思想。钞票式样打破了原有的固定的四边框形式，采用了左右花纹对称的新规格；票面尺幅按面额大小分档次递增；整个图案、花边、花纹线条鲜明、精密、美观、活泼，具有民族风格。第二套人民币在印制工艺上除了分币外，其他券别全部采用胶凹套印，其中角币为正面单凹印刷；1、2、3和5元纸币采用正背面双凹印刷；10元纸币还采用了当时先进的接线印刷技术。第二套人民币的凹印版是以我国传统的手工雕刻方法制作的，具有独特的民族风格，其优点是版纹深、墨层厚，有较好的反假防伪功能。因此，第二套人民币发行后立即得到了人民群众的欢迎，称赞这套人民币好看、好认、好算、好使。实践证明，第二套人民币成为我国第一套完整、精致的货币，对健全我国货币制度、促进社会主义经济建设发挥了重要作用。第二套人民币纸币、硬币一览表如表2-2、2-3所示。

表2-2　第二套人民币纸币一览表

券　　别	图　　案		主　　色	发行时间
	正　　面	背　　面		
1分	汽车	国徽等	茶、米黄	1955.3.1
2分	飞机	国徽等	蓝、浅蓝	1955.3.1

（续表）

券　别	图　案		主　色	发行时间
	正　面	背　面		
5分	轮船	国徽等	墨绿、浅翠绿	1955.3.1
1角	拖拉机	国徽等	棕、黄、浅草绿	1955.3.1
2角	火车	国徽等	黑、绿、浅紫粉	1955.3.1
5角	水电站	国徽等	紫、浅紫、浅蓝	1955.3.1
1元	天安门	国徽等	红、黄、粉紫红	1955.3.1
1元	天安门	国徽等	蓝黑、桔红	1961.3.25
2元	宝塔山	国徽等	深蓝、土黄、灰蓝	1955.3.1
3元	井冈山	国徽等	深绿	1955.3.1
5元	各民族大团结	国徽等	酱紫、橙黄	1955.3.1
5元	各民族大团结	国徽等	深棕、米黄	1962.4.20
10元	工农像	国徽、多色牡丹等	黑	1957.12.1

表2-3　第二套人民币硬币一览表

券　别	图　案		材　质	直　径	发 行 时 间
	正　面	背　面			
1分	国徽、国名	麦穗、面额、年号	铝镁合金	18毫米	1957.12.1
5分	国徽、国名	麦穗、面额、年号	铝镁合金	21毫米	1957.12.1
1角	国徽、国名	麦穗、面额、年号	铝镁合金	24毫米	1957.12.1

第二套人民币票样如图2-2所示。

图2-2　第二套人民币票样

（三）第三套人民币

第三套人民币是1962年开始发行的。当时，我国经过了连续1年的经济困难时期，在党中央以"调整、巩固、充实、提高"八字方针指引下，克服重重困难，大力发展生产，使国民经济开始恢复和发展，国家财政金融状况逐渐好转。为了促进工农业生产发展和商品流通，方便群众使用，经国务院批准，中国人民银行于1962年4月15日开始发行第三套人民币。第三套人民币和第二套人民币比价为1:1，即第三套人民币和第二套人民币票面额等值，并在市场上混合流通。

第三套人民币在第二套人民币的基础上对版别进行了全调整、更换，取消了第二套人民币中的3元纸币，增加了1角、2角、5角和1元四种金属币。第三套人民币自1962年4月20日发行枣红色1角纸币开始到1980年4月15日发行1角、2角、5角和1元硬币止，经过了18年的逐步调整、更换，共陆续收回第二套人民币（除6种纸、硬分币外）10种，陆续发行第三套人民币13种，其中，10元纸币1种、5元纸币1种、2元纸币1种、1元纸币1种、5角纸币1种、2角纸币1种、1角纸币3种、1元硬币1种、5角硬币1种、2角硬币1种、1角硬币1种。

1962年4月20日公布发行的1956年版棕色5元纸币和1960年版枣红色1角纸币，其中棕色5元纸币在1955年3月1日开始发行的酱紫色5元纸币的基础上，对颜色、花纹进行了更换调整，该纸币是第二套人民币的最后一个品种。同时发行的枣红色1角纸币是第三套人民币的开始。

1964年4月15日,第三套人民币的深绿色2元纸币和墨绿色2角纸币同时发行。1966年1月10日,发行有天安门水印的1965年版10元纸币和1962年版1角纸币。为了解决1962年版1角纸币背面颜色与1962年版2角纸币背面颜色相近似而不易辨认的问题,1967年12月15日调整了1962年版1角纸币背面颜色,重新发行了1962年版1角纸币。1969年10月20日,第三套人民币深棕色5元纸币和深红色1元纸币开始发行。1974年1月5日,发行第三套人民币的青莲色5角纸币。1980年4月15日,经国务院批准,开始发行1角、2角、5角和1元四种硬币。这四种硬币与市场流通的同面额纸币等流通。至此,第三套人民币13种券别发行齐全。

第三套人民币自1962年4月15日开始发行,到2000年7月1日停止流通,历时39年。这套人民币从1958年开始统一设计,票面设计图案比较集中地反映了当时我国国民经济以农业为基础、以工业为主导、农轻重并举的方针。在印制工艺上,第三套人民币继承和发扬了第二套人民币的技术传统、风格。在制版过程中,精雕细刻,机器和传统的手工相结合,使图案、花纹线条精细;油墨配色合理,色彩新颖、明快;票面纸幅较小,图案美观大方。

第三套人民币券别结构合理,纸、硬币品种丰富,设计思想鲜明,印制工艺也比较先进。发行第三套人民币,增强了人民币的反假能力,为健全我国货币制度、促进经济发展发挥了重要作用。第三套人民币纸币、硬币一览表如表2-4、2-5所示。

表2-4　第三套人民币纸币一览表

券　别	图　案		主　色	发行时间
	正　面	背　面		
1角	教育与生产劳动相结合	国徽和菊花	枣红、桔红、蓝绿	1962.4.20
1角	教育与生产劳动相结合	国徽和菊花	深棕、浅紫	1966.1.10
1角	教育与生产劳动相结合	国徽和菊花	深棕、浅紫	1967.12.15
2角	武汉长江大桥	国徽和牡丹花	墨绿	1964.4.15
5角	纺织厂	国徽、棉花和梅花	青莲、桔黄	1974.1.5
1元	女拖拉机手	国徽和放牧	深红	1969.10.20
2元	车床工人	国徽和石油矿井	深绿	1964.4.15
5元	炼钢工人	国徽和露天采矿	深棕、咖啡、黑	1969.10.20
10元	人民代表步出大会堂	国徽和天安门	黑	1966.1.10

表2-5　第三套人民币硬币一览表

券　别	图　案		材　质	直　径	发行时间
	正　面	背　面			
1元	国徽、国名、年号	长城、面额	铜镍合金	30毫米	1980.4.15
5角	国徽、国名	齿轮、麦穗、面额、年号	铜锌合金	26毫米	1980.4.15
2角	国徽、国名	齿轮、麦穗、面额、年号	铜锌合金	23毫米	1980.4.15
1角	国徽、国名	齿轮、麦穗、面额、年号	铜锌合金	20毫米	1980.4.15

第三套人民币票样如图2-3所示。

图2-3 第三套人民币票样

（四）第四套人民币

第四套人民币是在经济发展、商品零售额增加、货币需要量增加的情况下发行的。随着党的十一届三中全会改革、开放政策的实施，我国国民经济迅速发展，城乡商品经济日益活跃，社会商品零售额大幅度增长。这样，不仅要求货币发行在总量上与之相适应，而且在券别结构上也要与之相适应。为了适应经济发展的需要，进一步健全我国的货币制度，方便流通使用和交易核算，1987年4月25日，国务院颁布了发行第四套人民币的命令，责成中国人民银行自1987年4月27日起，陆续发行第四套人民币。第四套人民币主币有1元、2元、5元、10元、50元和100元6种，辅币有1角、2角和5角3种，主辅币共9种。

第四套人民币共11种纸币，采取"一次公布，分次发行"的办法。1987年4月27日首先发行50元券和5角券，1988年5月10日发行了100元、2元、1元和2角纸币，1988年9月22日，发行了10元、5元和1角纸币。为提高人民币防伪能力，1992年8月20日，在全国发行了1990年版50元、100元纸币。根据1992年5月8日第97号国务院令，中国人民银行自1992年6月1日起发行了第四套人民币1元、5角、1角硬币。使第四套人民币结构更加完善。

第四套人民币在设计思想、风格和印制工艺上都有一定的创新和突破。这套人民币体现了一个共同的主题思想，就是在中国共产党领导下，全国各族人民意气风发，团结一致，建设有中国特色的社会主义。为了强调这一主题，100元纸币采用了我党老一辈革命家毛泽东、周恩来、刘少奇和朱德的侧面浮雕像；50元券采用了工人、农民和知识分子头像；其他券别采用了我国14个民族人物头像。票面人像清晰，栩栩如生。在设计风格上，这套人民币保持和发扬了我国民族艺术传统特点。主币背面图景取材于我国名胜古迹、名山大川，背面纹饰全部采用富有我国民族特点的图案，如凤凰牡丹、仙鹤松树、绶带鸟翠竹、燕子桃花等。这些图景、纹饰与主景融为一体，表现出鲜明的民族风格。在印制工艺上，主景全部采用了大幅人物头像水印，雕刻工艺复杂；钞票纸分别采用了满版水印和固定人像水印，它不仅表现出线条图景，而且表现出明暗层次，工艺技术很高，进一步提高了我国印钞工艺技术水平和钞票防伪能力。同时，这套人民币在第二套、第三套人民币的基础上，增加发行了50元和100元两个券别，这对于适应商品经济发展的需要，便于流通，提高社会工作效率，充分发挥人民币在国民经济中的作用，有着重要的意义。第四套人民币纸币、硬币一览表如表2-6、2-7所示。

表2-6　第四套人民币纸币一览表

券　　别	图　案		主　色	发 行 时 间
	正　　面	背　　面		
1角	高山族、满族人物头像	国徽、民族图案	深棕	1988.9.22
2角	布依族、朝鲜族人物头像	国徽、民族图案	蓝绿	1988.5.10
5角	苗族、壮族人物头像	国徽、民族图案	紫红	1987.4.27
1元	侗族、瑶族人物头像	长城	深红	1988.5.10
2元	维吾尔族、彝族人物头像	南海南天一柱	绿	1988.5.10
5元	藏族、回族人物头像	长江巫峡	棕	1988.9.22
10元	汉族、蒙古族人物头像	珠穆朗玛峰	黑蓝	1988.9.22
50元	工、农、知识分子头像	黄河壶口	黑茶	1987.4.27
100元	毛、周、刘、朱浮雕像	井冈山	蓝黑	1988.5.10

表2-7　第四套人民币硬币一览表

券　　别	图　案		材　质	直　径	发 行 时 间
	正　　面	背　　面			
1元	国徽、国名、汉语拼音、年号	牡丹花、面额	钢芯镀镍	25.0毫米	1992.6.1
5角	国徽、国名、汉语拼音、年号	梅花、面额	铜锌合金	20.5毫米	1992.6.1
1角	国徽、国名、汉语拼音、年号	菊花、面额	铝镁合金	22.5毫米	1992.6.1

第四套人民币票样如图2-4所示。

图2-4 第四套人民币票样

（五）第五套人民币

改革开放以来,随着社会主义市场经济持续、健康、快速发展,社会对现金的需求量也日益增大。1998年,全国货币净投放1 026亿元,市场货币流通量11 204亿元,分别是1978年的60倍和52倍。经济发展的客观形势对人民币的数量与质量、总量与结构都提出了新要求。第四套人民币的设计、印制开始于改革开放之初,囿于当时的条件,第四套人民币本身存在一些不足之处,如防伪措施简单,不利于人民币反假;缺少机读性能,不利于钞票自动化处理等等。凡此种种,都有要求我们适时发行新版人民币。

为适应经济发展和市场货币流通的要求,1999年10月1日,在中华人民共和国建国50周年之际,根据中华人民共和国国务院第268号令,中国人民银行陆续发行第五套人民币。第五套人民币共八种面额:100元、50元、20元、10元、5元、1元、5角、1角。第五套人民币根据市场流通中低面额主币实际起大量承担找零角色的状况,增加了20元面额,取消了2元面额,使面额结构更加合理。第五套人民币采取"一次公布,分次发行"的方式。1999年10月1日,首先发行了100元纸币;2000年10月16日,发行了20元纸币、1元和1角硬币;2001年9月1日,发行了50元、10元纸币;2002年11月18日,发行了5元纸币、5角硬币;2004年7月30日,发行了1元纸币。

第五套人民币继承了我国印制技术的传统经验,借鉴了国外钞票设计的先进技术。在原材料工艺方面做了改进,提高了纸张的综合质量和防伪性。固定水印立体感强、形象逼真。磁性微文字安全线、彩色纤维、无色荧光纤维等在纸张中有机运用,并且采用了电脑辅助设计、手工雕刻、电子雕刻和晒版腐蚀相结合的综合制版技术。特别是在二线和三线防伪方面采用了国际通用的防伪措施,为专业人员和研究人员鉴别真伪提供了条件。与第四套人民币相比,第五套人民币的防伪技能由十几种增加到二十多种,主景人像、水印、面额数字均较以前放大,便于群众识别。第五套人民币应用了先进的科学技术,在防伪性能和适应货币处理现代化方面有了较大提高。

第五套人民币各面额正面均采用毛泽东同志新中国成立初期的头像,底衬采用了我国著名花卉图案,背面主景图案分别选用了人民大会堂、布达拉宫、桂林山水、长江三峡、泰山、杭州西湖。通过选用有代表性的富有民族特色的图案,充分表现了我们伟大祖国悠久的历史和壮丽的山河,弘扬了伟大的民族文化。第五套人民币纸币、硬币一览表如表2-8、2-9所示。

表2-8　第五套人民币纸币一览表

券　别	图　案		主　色	发行时间
	正　面	背　面		
100元	毛泽东头像	人民大会堂	红色	1999.10.1
50元	毛泽东头像	布达拉宫	绿色	2001.9.1
20元	毛泽东头像	桂林山水	棕色	2000.10.16
10元	毛泽东头像	长江三峡	蓝黑色	2001.9.1
5元	毛泽东头像	泰山	紫色	2002.11.18
1元	毛泽东头像	杭州西湖	橄榄绿色	2004.7.30

表2-9　第五套人民币硬币一览表

券　别	图　案		材　质	直　径	发行时间
	正　面	背　面			
1元	行名、面额、拼音、年号	菊花	钢芯镀镍	25毫米	2000.10.16
5角	行名、面额、拼音、年号	荷花	钢芯镀铜合金	20.5毫米	2002.11.18
1角	行名、面额、拼音、年号	兰花	铝合金	19毫米	2000.10.16

第五套人民币票样如图2-5所示。

图2-5　第五套人民币票样

（六）普通纪念币

纪念币是具有特定主题,限量发行的人民币。它分为普通纪念币和贵金属纪念币。中国人民银行从1984年发行第一套普通纪念币至今,共发行了62套74枚(张)普通纪念币,总发行量约8.5亿枚(张)。这些纪念币选题丰富多彩,设计独具匠心,规格材质多种多样,图案新颖美观,面额不等。题材有事件、会议、人物、动物,涉及政治、法律、体育、教育、环保、金融等多方面,将中华人民共和国50多年的辉煌成就及重要事件浓缩于纪念币的方寸之间。这些纪念币是我国人民币系列的重要组成部分,丰富和完善了我国的货币制度,弘扬了我国的货币文化,并不断探索和创新,为促进商品流通和经济发展、扩大对外交流发挥了积极作用。

三、反假人民币知识简介

（一）假人民币的种类

1. 假人民币的概念

假人民币是指仿照真人民币纸张、图案、水印、安全线等原样,利用各种技术手段非法制作的伪币。

2. 假人民币的种类

假人民币包括伪造人民币和变造人民币两种。

（1）伪造人民币。伪造人民币是指通过机械印刷、拓印、刻印、照相、描绘等手段制作的假人民币。其中电子扫描分色制版印刷的机制假人民币数量最多、危害性最大。

伪造人民币因仿制的手段不同而各有独自的特点,现按其不同的仿制手段分述如下:

A. 手绘假钞。这是按照真币的样子临摹仿绘的,一般质量比较粗劣,但在过去是比较常见的一种假钞。它的特点是使用普通的胶版纸或书写纸,颜色则是一般的绘画颜料或广告色,看起来笔调粗细不匀,颜色和图纹与真币差异较大。这类假钞较易识别,但老人、小孩较易受骗。

B. 蜡印假钞。这是手工刻制蜡纸版油印的假钞。制作方法一般是在蜡纸上按照真币的样子刻制图纹蜡版,再以黑白油墨漏印在纸上,然后在图纹上着颜色。也有的是用彩色油墨,在蜡版上印刷。它的特点是由于刻制蜡版时手法有轻有重,使蜡版漏墨多少不一样,结果颜色深浅不一,很不协调,漏墨过多的地方还易出现油浸现象。又因蜡纸比较柔软,印制中容易使图纹变形。所以,这类假钞较易识别。

C. 石印假钞。这是用石版和石印机印制的假钞。它的制作方法,一般是在石板上用手工或机器雕刻制成印版,然后在小型机具上印制。这类假钞的质量虽比前述两类假钞好一些,但印制效果仍较粗劣。由于石版较硬,容易出现油墨外溢或油浸现象。并且因印版表面不平整,使印出的图纹虚虚实实深浅不一,画面不协调。由于印版刻制不精确,套色印刷也不可能十分准确,从而出现重叠、错位、漏白等问题,对其识别也较容易。

D. 手刻凸版假钞。这是木质印版印制的假钞。这种假钞的制作方法是用木板作为基料,采取手工雕刻方法制成凸版的印版,在小型机具上印制的。它的特点也是质量粗劣。由于木板有天然的木质纹路,纹路与非纹路之处吃墨程度不一样,从而印出的图纹往往也有深有浅,套色也不准确,存在重叠、错位等现象,也较易识别。

E. 拓印假钞。这是用真币拓印成的假钞。它的制作方法是以真币为基础,用某种化学药品使真币上的图纹油墨脱离一部分拓印到另外的纸上而形成假钞。这种假钞又叫做拓印币,它的图案、花纹等和真币完全一样,无懈可击,但由于它只得到真币上的一部分油墨,因此墨色较浅,画面形态显得单薄清秀,给人以一种膜脆的感觉。真币被拓印后也遭受到一定损坏,有的颜色变浅或图纹模糊不清,又叫做被拓印币。被拓印币虽是真币形成的,但它的背后必定有拓印假币,因此更值得注意。

F. 复印合成假钞。这是利用黑白复印机制作的假钞。它的制作方法是先将真币在复印机上复印出真币的黑白图案花纹,再用彩色套印的方法合成钞票样的假钞。这种假钞的印制效果比前述各种假钞要精细些,但在人民币的各种防假措施面前它的仿制却无能为力,特别是在纸张、油墨等方面难以乱真,通过一定方法即可予以鉴别。

G. 机制假钞。这是利用特制的机器设备伪造的假钞。它的制作方法,一般是用手工或机器雕刻制版,或利用照相、电子扫描分色制版,在中小型印刷机上印制。机制假钞又有机制胶印假钞和机制凹印假钞之分。这类假钞仿造的效果逼真,一次印制的数量也较多,易于扩散,危害较大。虽然它采用了较高级的设备和真币的个别印制技术,容易以假乱真,但它不可能使用人民币的全部防伪技术,总还是存在种种漏洞和伪造的痕迹,通过一定的方法仍能予以鉴别。

H. 彩色复印假钞。这是利用彩色复印设备伪造的假钞。这种假钞的制作,需要比较高级的彩色复印设备,一般的伪造者是无法解决的。彩色复印在图纹、图景方面容易做到逼真,但在纸张、油墨、凹印等方面与真币有明显区别,通过一定的仪器或高倍显微镜就可以看出它的破绽。

I. 照相假钞。这是利用真币照版制作的假钞。它的制作方法是把真币拍摄、冲洗成照片,经过剪贴制作的。这种假钞的纸张厚脆,易于折断,并且假钞表面有光泽,与真币截然不同,较易识别。

J. 剪贴假钞。这是剪贴真币图片制成的假钞。它的制作方法是将报纸、刊物或画册上印的

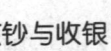
人民币图片剪下来,正面和背面粘合起来即成。这种假钞与真币的差别很大,报刊图片的纸薄而绵软,画册图片的纸一般较厚而脆硬,并且币面的颜色和大小都不一样,很易识别。

（2）变造人民币。变造人民币是指在真币的基础上,利用挖补、揭页、涂改、拼凑、移位、重印等多种方法制作,构成变态升值的假人民币。

变造币由于其对真币的加工处理方法不同,又可分为以下几种情形:

A. 涂改币。这是将真币票面金额用化学药剂涂掉,再用油墨或颜料加以涂改,使其面额增大的假钞。这种变造币的涂改部分在颜色、花纹等方面和真币有明显的不一样,它的破绽是较易识别的。

B. 剪贴币。这是将真币剪贴拼凑成局部缺位,由5张拼成6张,或8张拼成10张。也有的是将票面金额部分进行挖补,使其面额增值。这种变造币,其拼凑、挖补部分的图案、花纹、线条不能完全对接准确,有时对接的花纹、线条本来就是不一样的,因此,只要留心注意,就可以发现问题。

C. 揭页币。这是将真币的纸层揭开,一分为二,再用其他纸张粘贴于背后的单面假钞。这种变造币,虽然其图案、花纹等都和真币一样,但它另外一面是空白的,只能掺在众多的真币当中,滥竽充数,蒙混过关。因此,在清点大批量钞票时应注意这类假钞。

（二）识别假币的简便方法

识别人民币纸币真伪,通常采用"一看、二摸、三听、四测"的方法。

1. 一看

（1）看水印（如图2-6所示）。

   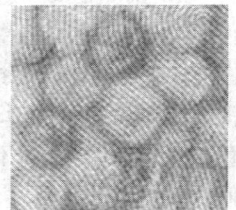

(a) 100元和50元人像水印　　(b) 20元花卉水印　　(c) 10元花卉水印　　(d) 5元花卉水印

图2-6　第五套人民币水印

第五套人民币各券别纸币的固定水印位于各券别纸币票面正面左侧的空白处,迎光透视,可以看到立体感很强的水印。100元、50元纸币的固定水印为毛泽东头像图案。20元、10元、5元纸币的固定水印为花卉图案。

（2）看安全线（如图2-7所示）。

  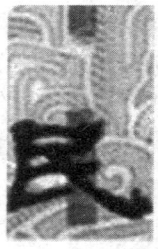  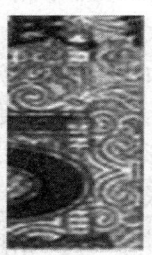

(a) 100元安全线　　(b) 50元安全线　　(c) 20元安全线　　(d) 10元安全线　　(e) 5元安全线

图2-7　第五套人民币安全线

第五套人民币纸币在各券别票面正面中间偏左，均有一条安全线。100元、50元纸币的安全线，迎光透视，分别可以看到缩微文字"RMB100"、"RMB50"的微小文字，仪器检测均有磁性；20元纸币，迎光透视，是一条明暗相间的安全线，10元、5元纸币安全线为全息磁性开窗式安全线，即安全线局部埋入纸张中，局部裸露在纸面上，开窗部分分别可以看到由微缩字符"¥10"、"¥5"组成的全息图案，仪器检测有磁性。

（3）看光变油墨（如图2-8所示）。第五套人民币100元券和50元券正面左下方的面额数字采用光变油墨印刷。将垂直观察的票面倾斜到一定角度时，100元券的面额数字会由绿变为蓝色；50元券的面额数字则会由金色变为绿色。

（4）看票面图案是否清晰，色彩是否鲜艳，对接图案是否可以对接上（如图2-9所示）。

(a) 100元光变油墨印刷

(b) 50元光变油墨印刷

图2-8　第五套人民币光变油墨印刷　　　　图2-9　第五套人民币阴阳互补对印图案

第五套人民币纸币的阴阳互补对印图案应用于100元、50元和10元券中。这三种券别的正面左下方和背面右下方都印有一个圆形局部图案。迎光透视，两幅图案准确对接，组合成一个完整的古钱币图案。

（5）用5倍以上放大镜观察票面，看图案线条、缩微文字是否清晰干净（如图2-10所示）。

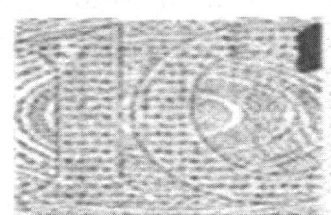
(a) 100元微缩文字

(b) 50元微缩文字

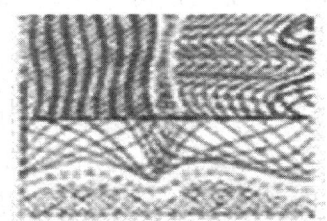
(c) 20元微缩文字

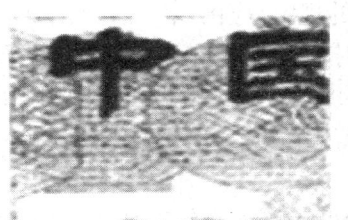
(d) 10元微缩文字

(e) 5元微缩文字

图2-10　第五套人民币微缩文字

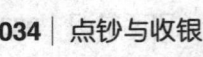

第五套人民币纸币各券别正面胶印图案中,多处均印有微缩文字,20元纸币背面也有该防伪措施。100元微缩文字为"RMB"和"RMB100";50元为"50"和"RMB50";20元为"RMB20";10元为"RMB10";5元为"5"和"RMB5"字样。

2. 二摸

(1)摸人像、盲文点、中国人民银行行名等处是否有凹凸感(如图2-11所示)。

(a)　　　　　　　　　　　　(b)

图2-11　第五套人民币雕刻凹版印刷

第五套人民币纸币各券别正面主景均为毛泽东头像,采用手工雕刻凹版印刷工艺,形象逼真、传神,凹凸感强,易于识别。

(2)摸纸币是否薄厚适中,挺括度好。

3. 三听

即通过抖动钞票使其发出声响,根据声音来分辨人民币真伪。人民币的纸张,具有挺括、耐折、不易撕裂的特点。手持钞票用力抖动、手指轻弹或两手一张一弛轻轻对称拉动,能听到清脆响亮的声音。

4. 四测

即用简单仪器进行荧光检测:一是检测纸张有无荧光反映。人民币纸张未经荧光漂白,在荧光灯下无荧光反映,纸张发暗;假币纸张多经过漂白,在荧光灯下有明显荧光反映,纸张发亮。二是人民币有一到两处荧光文字,呈淡黄色,假人民币的荧光文字光泽色彩不正,呈惨白色。

(三)日常生活中关于假币的处理方法

1. 发现假币后的处理方法

(1)误收假币,不应再使用,应上缴当地银行或公安机关。

(2)看到别人大量持有假币,应劝其上缴,或向公安机关报告。

(3)发现有人制造、买卖假币,应掌握证据,向公安机关报告。

2. 银行收缴假币的程序

根据《中华人民共和国人民币管理条例》的规定,应由2名以上工作人员当面予以收缴,在假币上加盖"假币"字样的戳记,登记造册,向持有人出具由中国人民银行统一印制的收缴凭证,并告知持有人可以向中国人民银行或者向中国人民银行授权的中国工商银行、中国农业银行、中国银行、中国建设银行等四家银行申请鉴定。

3. 没收、收缴假币的单位

根据《中华人民共和国人民币管理条例》和《中国人民银行假币收缴、鉴定管理办法》的规定,公安机关和中国人民银行有权没收假币,办理货币存取款和外币兑换业务的金融机构可以收缴假币。除以上单位外,其他任何单位和个人均无权没收和收缴假币。

4. 鉴定货币真伪的金融机构

根据《中华人民共和国人民币管理条例》和《中国人民银行假币收缴、鉴定管理办法》的规定,中国人民银行以及由中国人民银行授权的中国工商银行、中国农业银行、中国银行、中国建设银行的业务机构可以进行货币真伪鉴定。

5. 对银行收缴假币异议时的处理方法

根据《中华人民共和国人民币管理条例》和《中国人民银行假币收缴、鉴定管理办法》的规定,持有人可以自收缴之日起60个工作日内,持《假币收缴凭证》直接或通过收缴单位向中国人民银行当地分支机构或中国人民银行授权的当地鉴定机构提出书面鉴定申请。经鉴定是假币的,将假币退回收缴单位依法收缴,并向收缴单位和持有人出具《货币真伪鉴定书》和《假币没收收据》。经鉴定是真币的,由鉴定单位交收缴单位按照面额兑换完整券退还持有人,并收回《假币收缴凭证》。

(四)损伤人民币的挑剔标准

损伤人民币是指人民币在流通中因自然磨损、保管不善等其他原因引起的损坏了其票面完整性的票币,如纸币破裂、油浸、熏焦、水湿、污染变色、虫蛀、鼠咬、霉烂、火烧等,金属币出现严重磨损、破缺、变形等。

损伤人民币的挑剔标准是:

(1)票面缺少部分损及行名、花边、字头、号码、国徽之一的。

(2)票面裂口超过纸幅三分之一或损及花边、图案的。

(3)纸质较旧,四周或中间有裂缝或票面断开又粘补的。

(4)由于油浸、墨渍造成票面肮脏的面积较大,或涂写字迹过多,妨碍票面整洁的。

(5)票面变色严重、影响图案清晰的。

(6)硬币残缺、穿孔、变形、磨损、氧化腐蚀损坏部分花纹的。

第二节　第五套人民币

一、第五套人民币简介

根据1999年6月30日中华人民共和国第268号国务院令,中国人民银行自1999年10月1日起,在全国陆续发行第五套人民币。第五套人民币有100元、50元、20元、10元、5元、1元、5角和1角八种面额。第五套人民币发行后,与现行人民币混合流通,具有同等的货币职能。

第五套人民币采用"一次公告,分次发行,新旧版混合流通,逐步回收旧版"的发行原则,1999年10月1日,我国成功地发行了第五套人民币100元纸币;2000年10月16日,发行了第五套人民币20元纸币、1元、1角硬币;2001年9月1日发行了第五套人民币10元、50元纸币;2002年11月18日,发行了第五套人民币5元纸币、5角硬币。

第五套人民币纸币,与前四套人民币相比具有鲜明的特点,它在设计上通过代表性的图案,更加体现了我们伟大祖国悠久的历史和壮丽的山河。第五套人民币将国际先进的计算机辅助钞票设计与我国传统手工绘制工艺有机结合,它借鉴了国外钞票的先进技术,在设计上,充

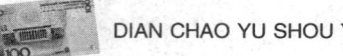

分考虑民族性和艺术性,既保留了中国传统的设计特点,又具有鲜明的时代特征。其特点是:

（1）第五套人民币采用大肖像、大水印、大数字,充分显示手工雕刻人像防伪和货币使用功能。

（2）打破了前四套人民币明显边框的设计形式,整个票面呈开放式设计结构,给防伪措施的应用留出了更多的空间。

（3）第五套人民币纸币背面图纹花边设计既保持了货币的传统风格和特点,又具有防伪功能。

（4）票面简洁,线条清晰,色彩亮丽。

（5）增加人民币的机读能力,便于现代化机具清分处理。

总之,第五套人民币防伪技术无论在数量、质量上,还是总体防伪效果上,较之前四套人民币有了显著的提高,防伪技术的数量和总体防伪效果有了长足进步。

为了提高第五套人民币的印制工艺和防伪技术,中国人民银行经国务院批准,发行了2005年版第五套人民币,面额有100元、50元、20元、10元、5元纸币和1角硬币,于2005年8月31日发行流通。

二、第五套人民币纸币的防伪特征及鉴别

（一）1999年版第五套人民币纸币

1. 100元

根据中华人民共和国第268号国务院令,中国人民银行于1999年10月1日在全国发行第五套（1999年版）人民币100元券。新版人民币发行后与现行人民币等值流通,具有相同的货币职能。

（1）票面特征。主色调为红色。票幅长155 mm、宽77 mm。票面正面主景为毛泽东头像,左侧为"中国人民银行"行名、阿拉伯数字为"100"、面额"壹佰元"和椭圆形花卉图案。票面左上角为中华人民共和国"国徽"图案,票面右下角为盲文面额标记,票面正面印有横竖双号码。票面背面主景为"人民大会堂"图案,左侧为人民大会堂内圆柱图案。票面右上方为"中国人民银行"的汉语拼音字母和蒙、藏、维、壮四种民族文字的"中国人民银行"字样和面额。1999年版第五套人民币100元纸币的票样如图2-12所示。

图2-12　1999年版第五套人民币100元纸币的票样

（2）防伪特征。1999年版第五套人民币100元纸币的防伪特征如图2-13所示。

A. 固定人像水印:位于票面正面左侧空白处,迎光透视,可见与主景人像相同、立体感很强的毛泽东头像水印。

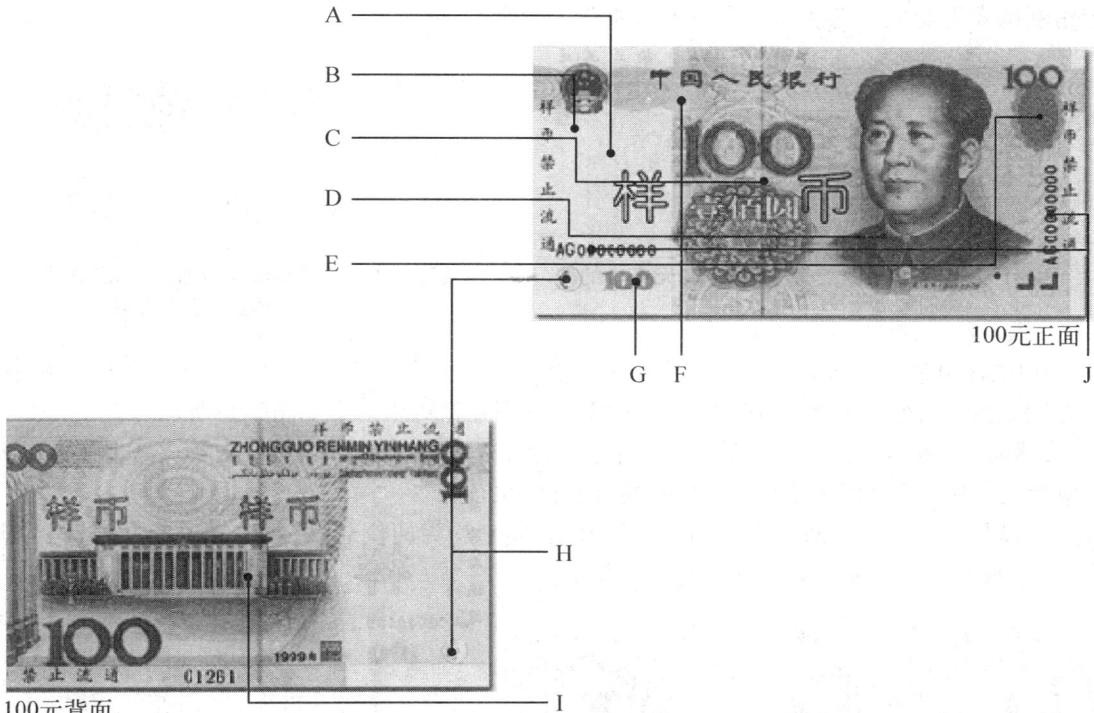

图2-13 1999年版第五套人民币100元纸币的防伪特征

B. 红、蓝彩色纤维：在票面上可看到纸张中有红色和蓝色纤维。

C. 磁性缩微文字安全线：钞票纸中的安全线，迎光透视，可见"RMB100"微小文字，仪器检测有磁性。

D. 手工雕刻头像：票面正面主景毛泽东头像，采用手工雕刻凹版印刷工艺，形象逼真、传神，凹凸感强，易于识别。手工雕刻头像如图2-14所示。

E. 隐形面额数字：票面正面右上方有一椭圆形图案，将钞票置于与眼睛接近平行的位置，面对光源作水平旋转45度或90度角，即可看到面额"100"字样。隐形面额数字如图2-15所示。

图2-14 1999年版第五套人民币100
元纸币的手工雕刻头像

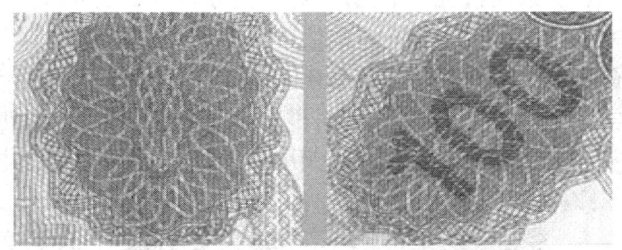

图2-15 1999年版第五套人民币100元纸币的隐形面额数字

F. 胶印缩微文字：票面正面上方椭圆形图案中，多处印有胶印缩微文字，在放大镜下可看到"RMB"和"RMB100"字样。胶印缩微文字如图2-16所示。

G. 光变油墨面额数字：票面正面左下角"100"字样，与票面垂直角度观察为绿色，倾斜一

定角度则变为蓝色。光变油墨面额数字如图2-17所示。

图2-16　1999年版第五套人民币100元纸币的
　　　　胶印缩微文字

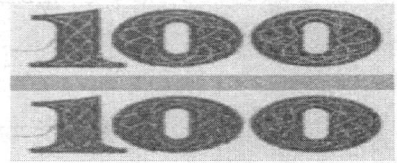

图2-17　1999年版第五套人民币100元
　　　　纸币的光变油墨面额数字

H. 阴阳互补对印图案：票面正面左下方和背面右下方均有一圆形局部图案，迎光观察，正背图案重合并组成一个完整的古钱币图案。阴阳互补对印图案如图2-18所示。

I. 雕刻凹版印刷：票面正面主景毛泽东头像、中国人民银行行名、盲文及背面主景人民大会堂等均采用雕刻凹版印刷，用手指触摸有明显凹凸感。

J. 横竖双号码：票面正面采用横竖双号码印刷（均为两位冠字、八位号码）。横号码为黑色，竖号码为蓝色。横竖双号码如图2-19所示。

图2-18　1999年版第五套人民币100元纸币的阴阳互补对
　　　　印图案

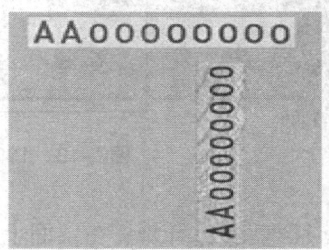

图2-19　1999年版第五套人民币
　　　　100元纸币的横竖双号码

2. 50元

根据1999年6月30日中华人民共和国第268号国务院令，中国人民银行于2001年9月1日，在全国发行第五套人民币50元券（1999年版）。新版人民币发行后与现行人民币等值流通，具有相同的货币职能。

（1）票面特征。主色调为绿色，票幅长150 mm、宽70 mm。正面主景为毛泽东头像，左侧为"中国人民银行"行名、阿拉伯数字"50"、面额"伍拾圆"和花卉图案，左上角为中华人民共和国国徽图案，右下角为盲文面额标记，票面正面印有横竖双号码。背面主景为"布达拉宫"图案，右上方为"中国人民银行"汉语拼音字母和蒙、藏、维、壮四种民族文字的"中国人民银行"字样和面额。1999年版第五套人民币50元纸币的票样如图2-20所示。

图2-20　1999年版第五套人民币50元纸币的票样

（2）防伪特征。1999年版第五套人民币50元纸币的防伪特征如图2-21所示。

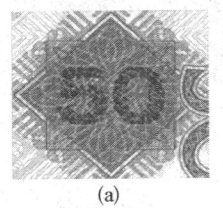

图2-21　1999年版第五套人民币50元纸币的防伪特征

A. 固定人像水印：位于正面左侧空白处，迎光透视，可以看到与主景人像相同、立体感很强的毛泽东头像水印。

B. 红、蓝彩色纤维：在票面上，可以看到纸张中有不规则分布的红色和蓝色纤维。

C. 磁性缩微文字安全线：钞票纸中的安全线，迎光透视，可以看到缩微文字"RMB50"字样，仪器检测有磁性。

D. 手工雕刻头像：正面主景毛泽东头像，采用手工雕刻凹版印刷工艺，形象逼真、传神，凹凸感强，易于识别。手工雕刻头像同图2-14所示。

E. 隐形面额数字：正面右上方有一装饰图案，将钞票置于与眼睛接近平行的位置，面对光源作平面旋转45度或90度角，可以看到面额数字"50"字样。隐形面额数字如图2-22所示。

F. 胶印缩微文字：正面上方胶印图案中，多处印有缩微文字"50"、"RMB50"字样。胶印缩微文字如图2-23所示。

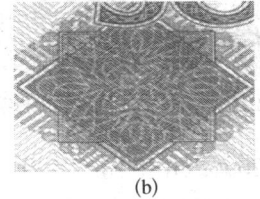

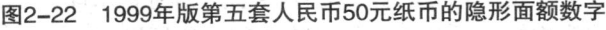

图2-22　1999年版第五套人民币50元纸币的隐形面额数字

图2-23　1999年版第五套人民币50元纸币的胶印缩微文字

G. 光变油墨面额数字：正面左下方"50"字样，与票面垂直角度观察为金色，倾斜一定角度则变为绿色。光变油墨面额数字如图2-24所示。

H. 阴阳互补对印图案：正面左下角和背面右下角均有一圆形局部图案，迎光透视，可以看到正背面图案合并组成一个完整的古钱币图案。阴阳互补对印图案如图2-25所示。

I. 雕刻凹版印刷：正面主景毛泽东头像、"中国人民银行"行名、面额数字、盲文面额标记和背面主景"布达拉宫"图案等均采用雕刻凹版印刷，用手指触摸有明显凹凸感。

J. 横竖双号码：正面采用横竖双号码印刷，竖号码为红色，横号码为黑色。横竖双号码如图2-26所示。

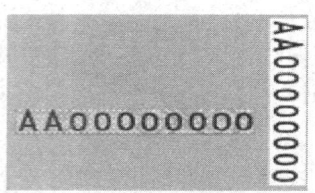

| 图2-24 1999年版第五套人民币纸币的光变油墨面额数字 | 图2-25 1999年版第五套人民币纸币的阴阳互补对印图案 | 图2-26 1999年版第五套人民币纸币的横竖双号码 |

3. 20元

根据1999年6月30日中华人民共和国第268号国务院令，中国人民银行于2000年10月16日，在全国发行第二批新版人民币，其面额为20元券（1999年版）。第五套人民币发行后与现行人民币等值流通，具有相同的货币职能。

（1）票面特征。主色调为棕色，票幅长145 mm、宽70 mm。票面正面主景为毛泽东头像，左侧为"中国人民银行"行名、阿拉伯数字"20"、面额"贰拾圆"和花卉图案，票面左上方为中华人民共和国"国徽"图案，左下方印有双色横号码，右下方为盲文面额标记。

票面背面主景为"桂林山水"图案，票面右上方为"中国人民银行"汉语拼音字母和蒙、藏、维、壮四种民族文字的"中国人民银行"字样和面额。1999年版第五套人民币20元纸币的票样如图2-27所示。

图2-27　1999年版第五套人民币20元纸币的票样

（2）防伪特征。1999年版第五套人民币20元纸币的防伪特征如图2-28所示。

A. 固定花卉水印：位于正面左侧空白处，迎光透视，可以看到立体感很强的荷花水印。

B. 红、蓝彩色纤维：在票面上，可以看到纸张中有不规则分布的红色和蓝色纤维。

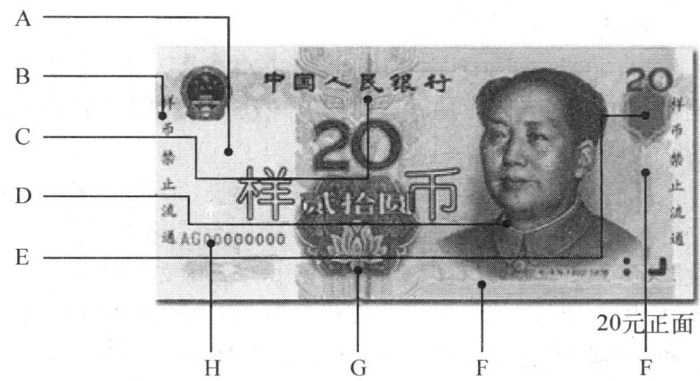

20元背面

图2-28 1999年版第五套人民币20元纸币的防伪特征

C. 安全线：迎光透视,钞票纸中有一条明暗相间的安全线。

D. 手工雕刻头像：正面主景毛泽东头像,采用手工雕刻凹版印刷工艺,形象逼真、传神,凹凸感强,易于识别。

E. 隐形面额数字：正面右上方有一装饰图案,将钞票置于与眼睛接近平行的位置,面对光源作平面旋转45度或90度角,可以看到面额数字"20"字样。

F. 胶印缩微文字：正面上方胶印图案中,多处印有缩微文字"RMB20"字样。胶印缩微文字如图2-29所示。

G. 雕刻凹版印刷：正面主景毛泽东头像、"中国人民银行"行名、面额数字、盲文面额标记和背面主景"桂林山水"图案等均采用雕刻凹版印刷,用手指触摸有明显凹凸感。

H. 双色横号码：正面采用双色双号码(两位冠字、八位号码)印刷,号码在左半部为红色,右半部分为黑色。双色横号码如图2-30所示。

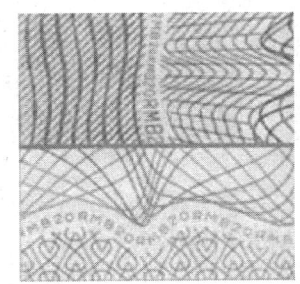

AC00000000

图2-29 1999年版第五套人民币20元纸币的胶印缩微文字

图2-30 1999年版第五套人民币20元纸币的双色横号码

4. 10元

根据1999年6月30日中华人民共和国第268号国务院令,中国人民银行于2001年9月1日,在全国发行第五套人民币10元券(1999年版)。新版人民币发行后与现行人民币等值流通,具有相同的货币职能。

(1)票面特征。主色调为蓝黑色,票幅长140 mm、宽70 mm。正面主景为毛泽东头像,左侧为"中国人民银行"行名、阿拉伯数字"10"、面额"拾圆"和花卉图案,左上角为中华人民共和国国徽图案,左下角印有双色横号码,右下方为盲文面额标记。背面主景为"长江三峡"图案,右上方为"中国人民银行"汉语拼音字母和蒙、藏、维、壮四种民族文字的"中国人民银行"字样和面额。1999年版第五套人民币10元纸币的票样如图2-31所示。

图2-31 1999年版第五套人民币10元纸币的票样

(2)防伪特征。1999年版第五套人民币10元纸币的防伪特征如图2-32所示。

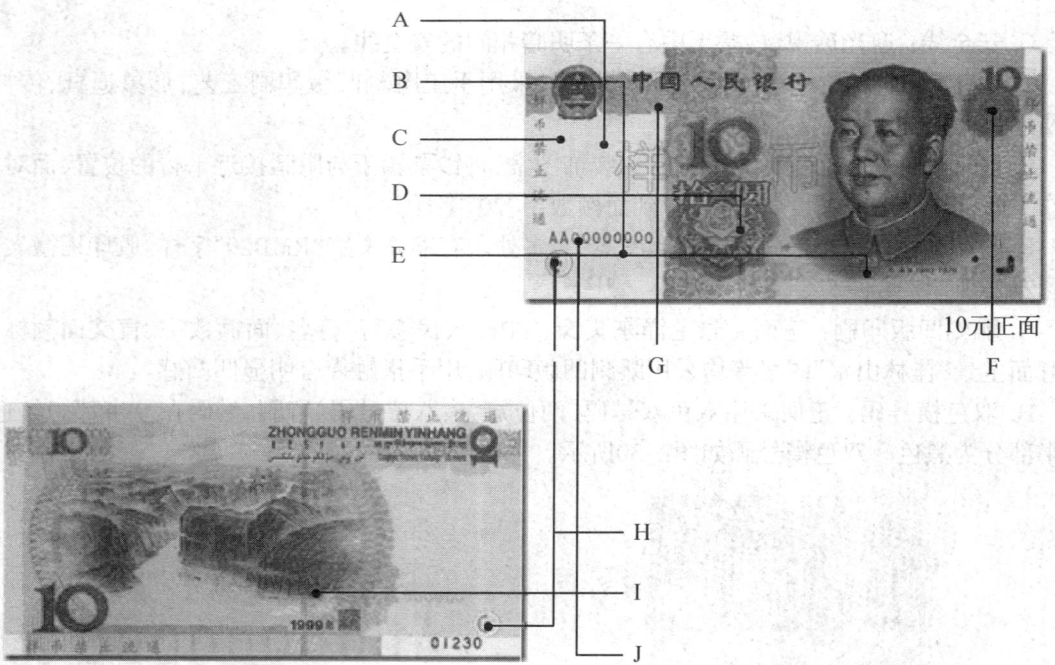

10元正面

10元背面

图2-32 1999年版第五套人民币10元纸币的仿伪特征

A. 固定花卉水印:位于正面左侧空白处,迎光透视,可以看到立体感很强的月季花水印。固定花卉水印如图2-33所示。

B. 白水印：位于双色横号码下方,迎光透视,可以看到透光性很强的图案"10"水印。

C. 红、蓝彩色纤维：在票面上,可以看到纸张中有不规则分布的红色和蓝色纤维。

D. 全息磁性开窗安全线：正面中间偏左,有一条开窗安全线,开窗部分可以看到由缩微字符"¥10"组成的全息图案,仪器检测有磁性(开窗安全线是指局部埋入纸张中,局部裸露在纸面上的一种安全线);全息磁性开窗安全线如图2-34所示。

图2-33　1999年版第五套人民币10元纸币的固定花卉水印

图2-34　1999年版第五套人民币10元纸币的全息磁性开窗安全线

E. 手工雕刻头像：正面主景毛泽东头像,采用手工雕刻凹版印刷工艺,形象逼真、传神,凹凸感强,易于识别。

F. 隐形面额数字：正面右上方有一装饰图案,将钞票置于与眼睛接近平行的位置,面对光源作平面旋转45度或90度角,可以看到面额数字"10"字样。

G. 胶印缩微文字：正面上方胶印图案中,多处印有缩微文字"RMB10"字样。胶印缩微文字如图2-35所示。

H. 阴阳互补对印图案：正面左下角和背面右下角均有一圆形局部图案,迎光透视,可以看到正背面图案合并组成一个完整的古钱币图案。阴阳互补对印图案如图2-36所示。

图2-35　1999年版第五套人民币10元纸币的胶印缩微文字

图2-36　1999年版第五套人民币10元纸币的阴阳互补对印图案

I. 雕刻凹版印刷：正面主景毛泽东头像、"中国人民银行"行名、面额数字、盲文面额标记和背面主景"长江三峡"图案等均采用雕刻凹版印刷,用手指触摸有明显凹凸感。

J. 双色横号码：正面印有双色横号码,左侧部分为红色,右侧部分为黑色。双色横号码如图2-37所示。

AA00000000

图2-37　1999年版第五套人民币10元纸币的双色横号码

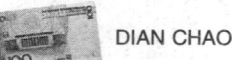

5. 5元

根据1999年6月30日中华人民共和国第268号国务院令,中国人民银行于2002年11月18日,在全国发行第五套人民币5元纸币。新版人民币发行后与现行人民币等值流通,具有相同的货币职能。

(1)票面特征。主色调为紫色,票幅长135 mm、宽63 mm。正面主景为毛泽东头像,左侧为"中国人民银行"行名、阿拉伯数字"5"、面额"伍圆"和花卉图案,左上角为中华人民共和国国徽图案,左下角印有双色横号码,右下角为盲文面额标记。背面主景为泰山图案,右上方为"中国人民银行"汉语拼音字母和蒙、藏、维、壮四种民族文字的"中国人民银行"字样和面额。1999年版第五套人民币5元纸币的票样如图2-38所示。

图2-38　1999年版第五套人民币5元纸币的票样

(2)防伪特征。1999年版第五套人民币5元纸币的防伪特征如图2-39所示。

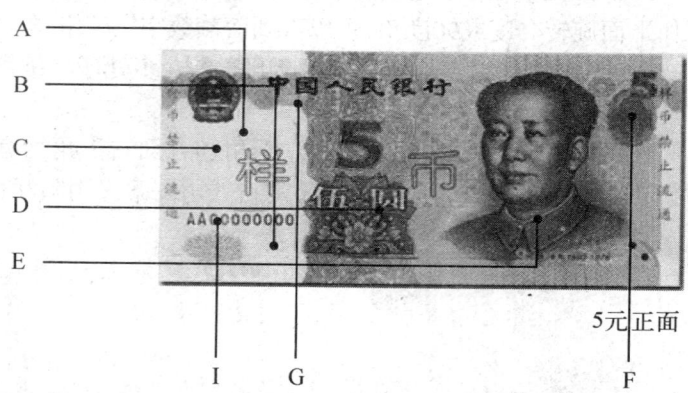

5元正面

5元背面

图2-39　1999年版第五套人民币5元纸币的防伪特征

A. 固定花卉水印:位于正面左侧空白处,迎光透视,可以看到立体感很强的水仙花水印。固定花卉水印如图2-40所示。

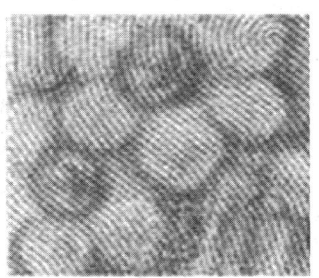

图2-40　1999年版第五套人民币5元纸币的固定花卉水印

B. 白水印：位于双色横号码下方，迎光透视，可以看到透光性很强的图案"5"水印。

C. 红、蓝彩色纤维：在票面上，可以看到纸张中有不规则分布的红色和蓝色纤维。

D. 全息磁性开窗安全线：正面中间偏左，有一条开窗安全线，开窗部分可以看到由缩微字符"¥10"组成的全息图案，仪器检测有磁性。

E. 手工雕刻头像：正面主景毛泽东头像，采用手工雕刻凹版印刷工艺，形象逼真、传神，凹凸感强，易于识别。

F. 隐形面额数字：正面右上方有一装饰图案，将钞票置于与眼睛接近平行的位置，面对光源作平面旋转45度或90度角，可以看到面额数字"5"字样。

G. 胶印缩微文字：正面上方胶印图案中，多处印有缩微文字"RMB5"字样。

H. 雕刻凹版印刷：正面主景毛泽东头像、"中国人民银行"行名、面额数字、盲文面额标记和背面主景"泰山"图案等均采用雕刻凹版印刷，用手指触摸有明显凹凸感。

I. 双色横号码：正面印有双色横号码，左侧部分为红色，右侧部分为黑色。双色横号码如图2-41所示。

AA00000000

图2-41　1999年版第五套人民币5元纸币的双色横号码

6. 1元

根据1999年6月30日中华人民共和国第268号国务院令，中国人民银行于2004年7月30日起在全国发行第五套人民币1元纸币。第五套人民币1元纸币发行后，与现行人民币等值流通，具有相同货币职能。

（1）票面特征。第五套人民币1元纸币主色调为橄榄绿色，票幅长130 mm、宽63 mm。正面主景图案为毛泽东头像，左侧为"中国人民银行"、阿拉伯数字"1"、"壹圆"字样和花卉图案，左上角为中华人民共和国国徽图案，左下角印有双色横号码，右下角为盲文面额标记。背面主景图案为杭州西湖，左上方印有阿拉伯数字"1"，左下方印有面额"1YUAN"，右上方为"中国人民银行"汉语拼音和蒙、藏、维、壮四种民族文字的"中国人民银行"字样、面额，右下方为年号和"行长之章"印鉴。

（2）防伪特征。1999年版第五套人民币1元纸币的防伪特征如图2-42所示。

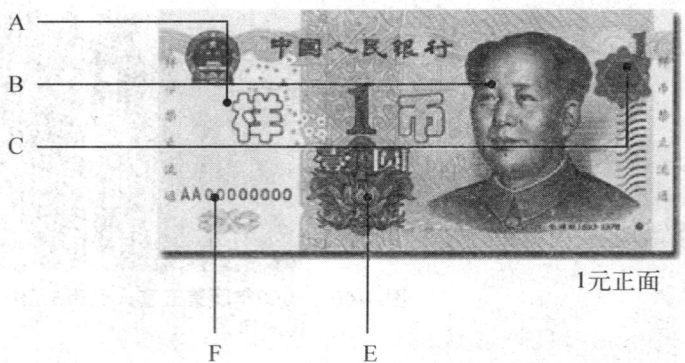

1元正面

1元背面

图2-42 1999年版第五套人民币1元纸币的防伪特征

A. 固定花卉水印：位于正面左侧空白处，迎光透视，可以看到立体感很强的兰花水印。

B. 手工雕刻头像：正面主景毛泽东头像，采用手工雕刻凹版印刷工艺，形象逼真、传神，凹凸感强，易于识别。

C. 隐形面额数字：正面右上方有一装饰图案，将票面置于与眼睛接近平行的位置，面对光源作上下倾斜晃动，可看到面额数字"1"字样。

D. 胶印缩微文字：背面下方胶印图案中，印有缩微文字"人民币"和"RMB1"字样。

E. 雕刻凹版印刷：正面主景毛泽东头像、"中国人民银行"行名、面额数字、盲文面额标记等均采用雕刻凹版印刷，用手指触摸有明显凹凸感。

F. 双色横号码：正面印有双色横号码，左侧部分为红色，右侧部分为黑色。

（二）2005年版第五套人民币纸币

经国务院批准，中国人民银行对第五套人民币（1999年版）的生产工艺、技术进行了提高。改进、提高后的2005年版第五套人民币100元、50元、20元、10元、5元纸币和1角硬币于2005年8月31日发行流通。

2005年版第五套人民币6个券别，保持了1999年版第五套人民币主图案、主色调、规格不变，从构成货币的基本要素来说，不仅是发行一套新的人民币。2005年版第五套人民币，既属于第五套人民币的范畴，是对现行流通的1999年版第五套人民币的继承，又是对1999年版第五套人民币的创新和提高。2005年版第五套人民币发行后，与1999年版第五套人民币同时流通，都是中国法定货币，任何单位和个人不得拒收。严禁任何单位和个人借2005年版第五套人民币发行之际，使用吉祥号码促销等非法行为的发生。

1. 100元

2005年版第五套人民币100元纸币的防伪特征如图2-43所示。

双色异形横号码　固定人像水印　胶印缩微文字　胶印对印图案　隐形面额数字　凹印手感线

光变油墨面额数字　白水印　雕刻凹版印刷　手工雕刻头像　盲文面额标记

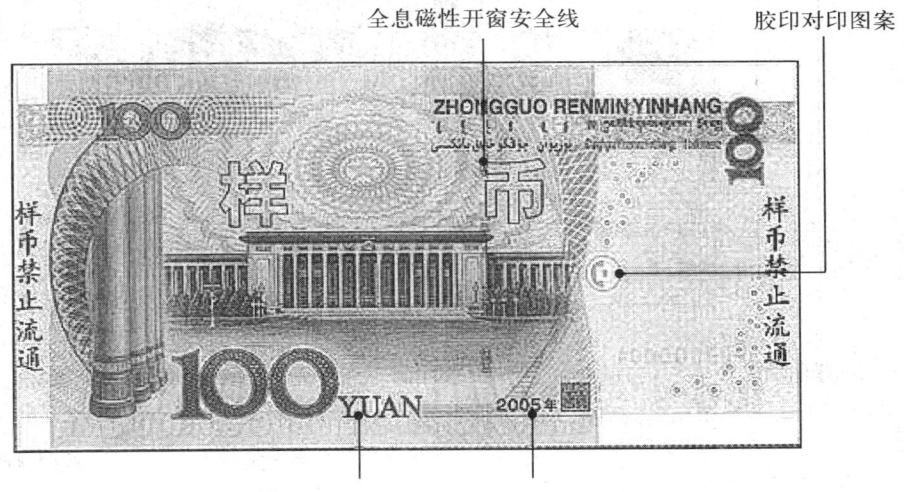

全息磁性开窗安全线　胶印对印图案

汉语拼音"YUAN"　年号"2005年"

图2-43　2005年版第五套人民币100元纸币的防伪特征

（1）第五套人民币100元纸币的2005年版与1999年版的相同点。2005年版第五套人民币100元纸币规格、主景图案、主色调、"中国人民银行"行名和汉语拼音行名、面额数字、花卉图案、国徽、盲文面额标记、民族文字等票面特征，固定人像水印，手工雕刻头像、胶印微缩文字、雕刻凹版印刷等防伪特征，均与现行流通的1999年版的第五套人民币100元纸币相同。

（2）第五套人民币100元纸币的2005年版与1999年版的区别。

A. 调整防伪特征布局。正面左下角胶印对印图案调整到正面主景图案左侧中间处，光变油墨面额数字左移至原胶印对印图案处。背面右下角胶印对印图案调整到背面主景图案右侧中间处。

B. 调整以下防伪特征：① 隐形面额数字：调整隐形面额数字观察角度。正面右上方有一装饰性图案，将票面置于与眼睛接近平行的位置，面对光源做上下倾斜晃动，可以看到面额数

字"100"字样。② 全息磁性开窗安全线：将原磁性微缩文字安全线改为全息磁性开窗安全线。背面中间偏右,有一条开窗安全线,开窗部分可以看到由微缩字符"¥100"组成的全息图案,仪器检测有磁性。③ 双色异形横号码：将原横竖双号码改为双色异形横号码。正面左下角印有双色异形横号码,左侧部分为暗红色,右侧部分为黑色。字符由中间向左右两边逐渐变小。

C. 增加以下防伪特征。① 白水印：位于正面双色异形横号码下方,迎光透视,可以看到透光性很强的水印"100"字样。② 凹印手感线：正面主景图案右侧,有一组自上而下规则排列的线纹,采用雕刻凹版印刷工艺印制,用手指触摸,有极强的凹凸感。

D. 取消纸张中的红蓝彩色纤维。

E. 背面主景图案下方的面额数字后面,增加人民币单位"元"的汉语拼音"YUAN";年号改为"2005年"。

2. 50元

2005年版第五套人民币50元纸币的防伪特征如图2-44所示。

图2-44 2005年版第五套人民币50元纸币的防伪特征

（1）第五套人民币50元纸币的2005年版与1999年版的相同点。2005年版第五套人民币50元纸币规格、主景图案、主色调、"中国人民银行"行名和汉语拼音行名、面额数字、花卉图案、国徽、盲文面额标记、民族文字等票面特征，固定人像水印、手工雕刻头像、胶印微缩文字、雕刻凹版印刷等防伪特征，均与现行流通的1999年版的第五套人民币50元纸币相同。

（2）第五套人民币50元纸币的2005年版与1999年版的区别。

A. 调整防伪特征布局。正面左下角胶印对印图案调整到正面主景图案左侧中间处，光变油墨面额数字左移至原胶印对印图案处。背面右下角胶印对印图案调整到背面主景图案右侧中间处。

B. 调整以下防伪特征。① 隐形面额数字：调整隐形面额数字观察角度。正面右上方有一装饰性图案，将票面置于与眼睛接近平行的位置，面对光源做上下倾斜晃动，可以看到面额数字"50"字样。② 全息磁性开窗安全线：将原磁性微缩文字安全线调整为全息磁性开窗安全线。背面中间偏右，有一条开窗安全线，开窗部分可以看到由微缩字符"¥50"组成的全息图案，仪器检测有磁性。③ 双色异形横号码：取消原横竖双号码中的竖号码，将横号码改为双色异形横号码。正面左下角印有双色异形横号码，左侧部分为暗红色，右侧部分为黑色。字符由中间向左右两边逐渐变小。

C. 增加以下防伪特征。① 白水印：位于正面双色异形横号码下方，迎光透视，可以看到透光性很强的水印"50"字样。② 凹印手感线：正面主景图案右侧，有一组自上而下规则排列的线纹，采用雕刻凹版印刷工艺印制，用手指触摸，有极强的凹凸感。

D. 取消纸张中的红蓝彩色纤维。

E. 背面主景图案下方的面额数字后面，增加人民币单位"元"的汉语拼音"YUAN"；年号改为"2005年"。

3. 20元

2005年版第五套人民币20元纸币的防伪特征如图2-45所示。

（1）第五套人民币20元纸币的2005年版与1999年版的相同点。2005年版第五套人民币20元纸币规格、主景图案、主色调、"中国人民银行"行名和汉语拼音行名、面额数字、花卉图案、国徽、盲文面额标记、民族文字等票面特征，固定花卉水印、手工雕刻头像、胶印微缩文字、双色横号码等防伪特征，均与现行流通的1999年版的第五套人民币20元纸币相同。

（2）第五套人民币20元纸币的2005年版与1999年版的区别。

A. 调整以下防伪特征。① 雕刻凹版印刷：背面主景图案桂林山水、面额数字、汉语拼音行名、民族文字、年号、行长章等均采用雕刻凹版印刷，用手指触摸，有明显凹凸感。② 隐形面额数字：调整隐形面额数字观察角度。正面右上方有一装饰性图案，将票面置于与眼睛接近平行的位置，面对光源做上下倾斜晃动，可以看到面额数字"20"字样。③ 全息磁性开窗安全线：将原安全线改为全息磁性开窗安全线。正面中间偏左，有一条开窗安全线，开窗部分可以看到由微缩字符"¥20"组成的全息图案，仪器检测有磁性。

B. 增加以下防伪特征。① 白水印：位于正面双色横号码下方，迎光透视，可以看到透光性很强的水印"20"字样。② 胶印对印图案：正面左下角和背面右下角均有一圆形局部图案，迎光透视，可以看到正背面的局部图案合并为一个完整的古钱币图案。③ 凹印手感线：正面主景图案右侧，有一组自上而下规则排列的线纹，采用雕刻凹版印刷工艺印制，用手指触摸，有极

双色横号码　　　　　　　　　　　　　　　　　　　　　　　凹印手感线

固定花卉水印　　　　　全息磁性开窗安全线　　　　　　　隐形面额数字

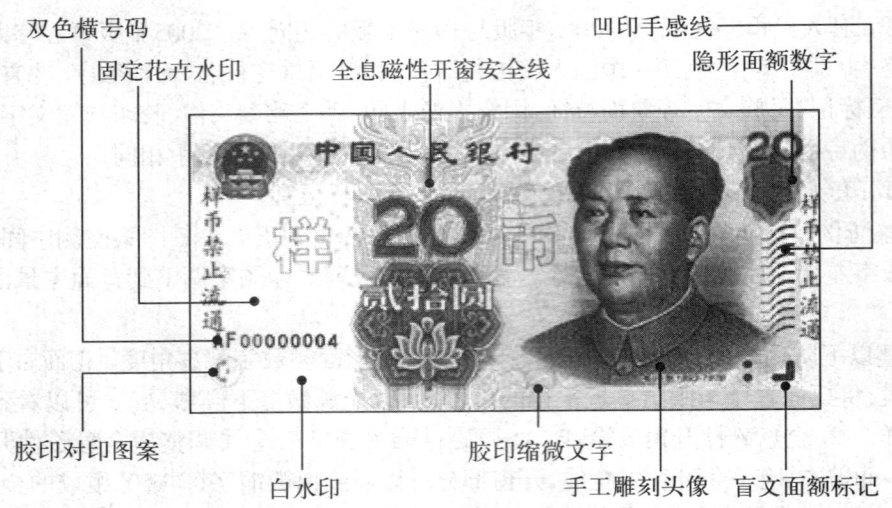

胶印对印图案　　　　　　　　　　　　　　　　胶印缩微文字　　手工雕刻头像　盲文面额标记

白水印

雕刻凹版印刷　　　　　　　　　　　　　　　　　胶印对印图案

汉语拼音"YUAN"　　　年号"2005年"

图2-45　2005年版第五套人民币20元纸币的防伪特征

强的凹凸感。

C. 取消纸张中的红蓝彩色纤维。

D. 取消正面原双色横号码下方的装饰性图案；背面主景图案下方的面额数字后面，增加人民币单位"元"的汉语拼音"YUAN"；年号改为"2005年"。

4. 10元

2005年版第五套人民币10元纸币的防伪特征如图2-46所示。

（1）第五套人民币10元纸币的2005年版与1999年版的相同点。2005年版第五套人民币10元纸币规格、主景图案、主色调、"中国人民银行"行名和汉语拼音行名、面额数字、花卉图案、国徽、盲文面额标记、民族文字等票面特征，固定花卉水印、白水印、全息磁性开窗安全线、手工雕刻头像、胶印微缩文字、胶印对印图案、雕刻凹版印刷、双色横号码等防伪特征，均与现行流通的1999年版的第五套人民币10元纸币相同。

（2）第五套人民币10元纸币的2005年版与1999年版的区别。

A. 调整隐形面额数字观察角度。正面右上方有一装饰性图案，将票面置于与眼睛接近平

双色横号码　　胶印缩微文字　　　　　　　凹印手感线

固定花卉水印　　全息磁性开窗安全线　　隐形面额数字

胶印对印图案　　白水印　　雕刻凹版印刷　　手工雕刻头像　盲文面额标记

胶印对印图案

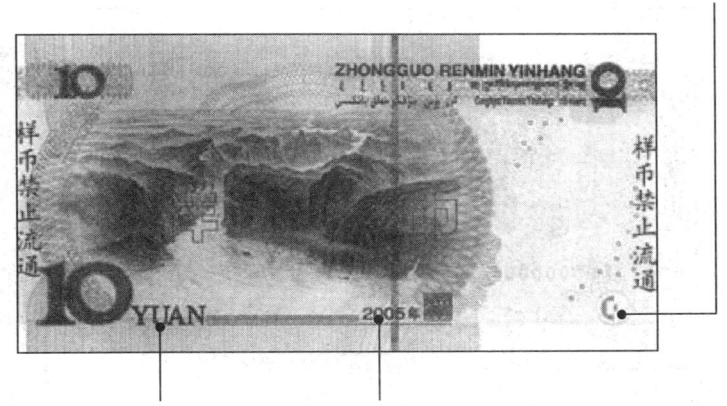

汉语拼音"YUAN"　　年号"2005年"

图2-46　2005年版第五套人民币10元纸币的防伪特征

行的位置,面对光源做上下倾斜晃动,可以看到面额数字"10"字样。

B. 增加凹印手感线。正面主景图案右侧,有一组自上而下规则排列的线纹,采用雕刻凹版印刷工艺印制,用手指触摸,有极强的凹凸感。

C. 取消纸张中的红蓝彩色纤维。

D. 背面主景图案下方的面额数字后面,增加人民币单位"元"的汉语拼音"YUAN";年号改为"2005年"。

5. 5元

2005年版第五套人民币5元纸币的防伪特征如图2-47所示。

(1)第五套人民币5元纸币的2005年版与1999年版的相同点。2005年版第五套人民币5元纸币规格、主景图案、主色调、"中国人民银行"行名和汉语拼音行名、面额数字、花卉图案、国徽、盲文面额标记、民族文字等票面特征,固定花卉水印、白水印、全息磁性开窗安全线、手工雕刻头像、胶印微缩文字、雕刻凹版印刷、双色横号码等防伪特征,均与现行流通的1999年版的

双色横号码　　　　　　　　　　　　　　　　　凹印手感线

固定花卉水印　　胶印缩微文字　　全息磁性开窗安全线　　隐形面额数字

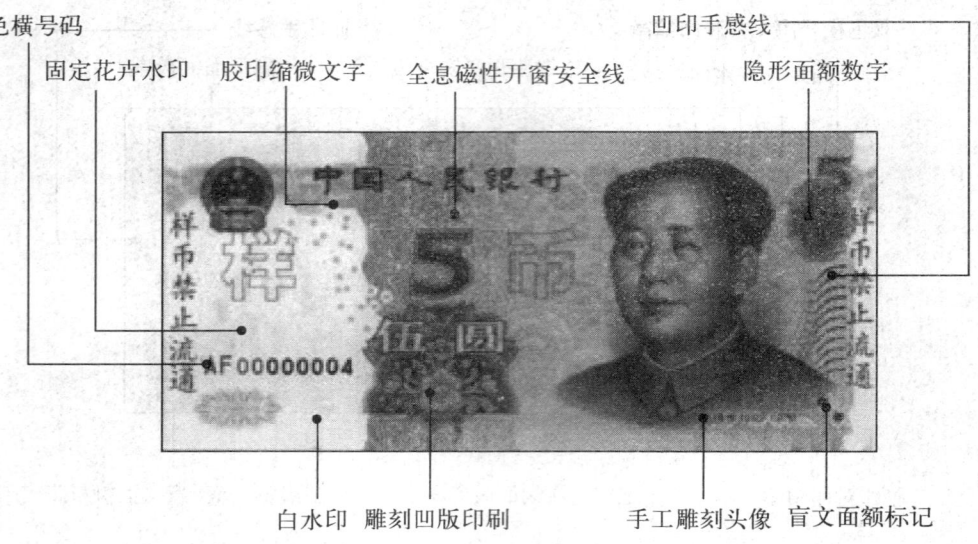

白水印　雕刻凹版印刷　　　　　　手工雕刻头像　盲文面额标记

汉语拼音"YUAN"　　　　　年号"2005年"

图2-47　2005年版第五套人民币5元纸币的防伪特征

第五套人民币5元纸币相同。

（2）第五套人民币5元纸币的2005年版与1999年版的区别。

A. 调整隐形面额数字观察角度。正面右上方有一装饰性图案,将票面置于与眼睛接近平行的位置,面对光源做上下倾斜晃动,可以看到面额数字"5"字样。

B. 增加凹印手感线。正面主景图案右侧,有一组自上而下规则排列的线纹,采用雕刻凹版印刷工艺印制,用手指触摸,有极强的凹凸感。

C. 取消纸张中的红蓝彩色纤维。

D. 背面主景图案下方的面额数字后面,增加人民币单位"元"的汉语拼音"YUAN";年号改为"2005年"。

三、第五套人民币硬币

第五套人民币的硬币包括1元、5角和1角三种。正面铸有"中国人民银行"、面额数字的中文和拼音字母以及发行年号。背面为"中国人民银行"的拼音字母及花卉图案。

（一）第五套人民币1元硬币主要特征

硬币1元色泽为镍白色，直径为25 mm，正面为"中国人民银行"、"1元"和汉语拼音字母"YIYUAN"及年号。背面为菊花图案及中国人民银行的汉语拼音字母"ZHONGGUO RENMIN YINHANG"。材质为钢芯镀镍，币外缘为圆柱面，并印有"RMB"字符标记。第五套人民币1元硬币如图2-48所示。

图2-48 第五套人民币1元硬币

（二）第五套人民币5角硬币主要特征

2002年11月18日，第五套人民币5角硬币在全国发行。该硬币色泽为金黄色，直径20.5 mm。正面为"中国人民银行"字样、面额和汉语拼音字母"WUJIAO"及年号。背面为荷花图案及中国人民银行的汉语拼音字母"ZHONGGUO RENMIN YINHANG"。材质为钢芯镀铜合金，币外缘为圆柱面，币外缘为间断丝齿，共有六个丝齿段，每个丝齿段有八个齿距相等的丝齿。

第五套人民币5角硬币的材质首次采用钢芯镀铜合金，具有色泽光亮、不易锈蚀等特性。第五套人民币5角硬币填补了我国硬币币材的空白，我国成为继加拿大、南非、英国和巴西之后，第五个能够生产这种币材的国家。第五套人民币5角硬币如图2-49所示。

图2-49 第五套人民币5角硬币

（三）第五套人民币1角硬币主要特征

1. 1999年版第五套人民币1角硬币

1角硬币色泽为铝白色，直径为19 mm，正面为"中国人民银行"、"1角"和汉语拼音字母"YIJIAO"及年号。背面为兰花图案及中国人民银行的汉语拼音字母 "ZHONGGUO RENMIN YINHANG"。材质为铝合金，币外缘为圆柱面。

2. 2005年版第五套人民币1角硬币

第五套人民币1角硬币材质由铝合金改为不锈钢，色泽为钢白色。其正背面图案、规格、外形与现行流通的第五套人民币1角硬币相同，即正面为"中国人民银行"、"1角"和汉语拼音字母"YIJIAO"及年号，背面为兰花图案及中国人民银行的汉语拼音字母"ZHONGGUO RENMIN

YINHANG",直径为19 mm。2005年版第五套人民币1角硬币如图2-50所示。

图2-50　2005年版第五套人民币1角硬币

第三节　人民币管理

一、中华人民共和国人民币管理条例

第一章　总　　则

第一条　为了加强对人民币的管理,维护人民币的信誉,稳定金融秩序,根据《中华人民共和国中国人民银行法》,制定本条例。

第二条　本条例所称人民币,是指中国人民银行依法发行的货币,包括纸币和硬币。

从事人民币的设计、印制、发行、流通和回收等活动,应当遵守本条例。

第三条　中华人民共和国的法定货币是人民币。以人民币支付中华人民共和国境内的一切公共的和私人的债务,任何单位和个人不得拒收。

第四条　人民币的单位为元,人民币辅币单位为角、分。1元等于10角,1角等于10分。人民币依其面额支付。

第五条　中国人民银行是国家管理人民币的主管机关,负责本条例的组织实施。

第六条　任何单位和个人都应当爱护人民币。禁止损害人民币和妨碍人民币流通。

第二章　设计和印制

第七条　新版人民币由中国人民银行组织设计,报国务院批准。

第八条　人民币由中国人民银行指定的专门企业印制。

第九条　印制人民币的企业应当按照中国人民银行制定的人民币质量标准和印制计划印制人民币。

第十条　印制人民币的企业应当将合格的人民币产品全部解缴中国人民银行人民币发行库，将不合格的人民币产品按照中国人民银行的规定全部销毁。

第十一条　印制人民币的原版、原模使用完毕后，由中国人民银行封存。

第十二条　印制人民币的特殊材料、技术、工艺、专用设备等重要事项属于国家秘密。印制人民币的企业和有关人员应当保守国家秘密；未经中国人民银行批准，任何单位和个人不得对外提供。

第十三条　未经中国人民银行批准，任何单位和个人不得研制、仿制、引进、销售、购买和使用印制人民币所特有的防伪材料、防伪技术、防伪工艺和专用设备。

第十四条　人民币样币是检验人民币印制质量和鉴别人民币真伪的标准样本，由印制人民币的企业按照中国人民银行的规定印制。人民币样币上应当加印"样币"字样。

第三章　发行和回收

第十五条　人民币由中国人民银行统一发行。

第十六条　中国人民银行发行新版人民币，应当报国务院批准。

中国人民银行应当将新版人民币的发行时间、面额、图案、式样、规格、主色调、主要特征等予以公告。

中国人民银行不得在新版人民币发行公告发布前将新版人民币支付给金融机构。

第十七条　因防伪或者其他原因，需要改变人民币的印制材料、技术或者工艺的，由中国人民银行决定。

中国人民银行应当将改版后的人民币的发行时间、面额、主要特征等予以公告。

中国人民银行不得在改版人民币发行公告发布前将改版人民币支付给金融机构。

第十八条　中国人民银行可以根据需要发行纪念币。

纪念币是具有特定主题的限量发行的人民币，包括普通纪念币和贵金属纪念币。

第十九条　纪念币的主题、面额、图案、材质、式样、规格、发行数量、发行时间等由中国人民银行确定；但是，纪念币的主题涉及重大政治、历史题材的，应当报国务院批准。

中国人民银行应当将纪念币的主题、面额、图案、材质、式样、规格、发行数量、发行时间等予以公告。

中国人民银行不得在纪念币发行公告发布前将纪念币支付给金融机构。

第二十条　中国人民银行设立人民币发行库，在其分支机构设立分支库，负责保管人民币发行基金。各级人民币发行库主任由同级中国人民银行行长担任。

人民币发行基金是中国人民银行人民币发行库保存的未进入流通的人民币。

人民币发行基金的调拨，应当按照中国人民银行的规定办理。任何单位和个人不得违反规定动用人民币发行基金，不得干扰、阻碍人民币发行基金的调拨。

第二十一条　特定版别的人民币的停止流通，应当报国务院批准，并由中国人民银行公告。

办理人民币存取款业务的金融机构应当按照中国人民银行的规定，收兑停止流通的人民币，并将其交存当地中国人民银行。

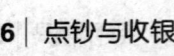

中国人民银行不得将停止流通的人民币支付给金融机构，金融机构不得将停止流通的人民币对外支付。

第二十二条　办理人民币存取款业务的金融机构应当按照中国人民银行的规定，无偿为公众兑换残缺、污损的人民币，挑剔残缺、污损的人民币，并将其交存当地中国人民银行。

中国人民银行不得将残缺、污损的人民币支付给金融机构，金融机构不得将残缺、污损的人民币对外支付。

第二十三条　停止流通的人民币和残缺、污损的人民币，由中国人民银行负责回收、销毁。具体办法由中国人民银行制定。

第四章　流通和保护

第二十四条　办理人民币存取款业务的金融机构应当根据合理需要的原则，办理人民币券别调剂业务。

第二十五条　禁止非法买卖流通人民币。

纪念币的买卖，应当遵守中国人民银行的有关规定。

第二十六条　装帧流通人民币和经营流通人民币，应当经中国人民银行批准。

第二十七条　禁止下列损害人民币的行为：

（一）故意毁损人民币；

（二）制作、仿制、买卖人民币图样；

（三）未经中国人民银行批准，在宣传品、出版物或者其他商品上使用人民币图样；

（四）中国人民银行规定的其他损害人民币的行为。

前款人民币图样包括放大、缩小和同样大小的人民币图样。

第二十八条　人民币样币禁止流通。

人民币样币的管理办法，由中国人民银行制定。

第二十九条　任何单位和个人不得印制、发售代币票券，以代替人民币在市场上流通。

第三十条　中国公民出入境、外国人入出境携带人民币实行限额管理制度，具体限额由中国人民银行规定。

第三十一条　禁止伪造、变造人民币。禁止出售、购买伪造、变造的人民币。禁止走私、运输、持有、使用伪造、变造的人民币。

第三十二条　单位和个人持有伪造、变造的人民币的，应当及时上交中国人民银行、公安机关或者办理人民币存取款业务的金融机构；发现他人持有伪造、变造的人民币的，应当立即向公安机关报告。

第三十三条　中国人民银行、公安机关发现伪造、变造的人民币，应当予以没收，加盖"假币"字样的戳记，并登记造册；持有人对公安机关没收的人民币的真伪有异议的，可以向中国人民银行申请鉴定。

公安机关应当将没收的伪造、变造的人民币解缴当地中国人民银行。

第三十四条　办理人民币存取款业务的金融机构发现伪造、变造的人民币，数量较多、有新版的伪造人民币或者有其他制造贩卖伪造、变造的人民币线索的，应当立即报告公安机关；数量较少的，由该金融机构两名以上工作人员当面予以收缴，加盖"假币"字样的戳记，登记造册,向持有人出具中国人民银行统一印制的收缴凭证,并告知持有人可以向中国人民银行或者向中国人民银行授权的国有独资商业银行的业务机构申请鉴定。对伪造、变造的人民币收缴及鉴定的具体办法,由中国人民银行制定。

办理人民币存取款业务的金融机构应当将收缴的伪造、变造的人民币解缴当地中国人民银行。

第三十五条 中国人民银行和中国人民银行授权的国有独资商业银行的业务机构应当无偿提供鉴定人民币真伪的服务。

对盖有"假币"字样戳记的人民币,经鉴定为真币的,由中国人民银行或者中国人民银行授权的国有独资商业银行的业务机构按照面额予以兑换;经鉴定为假币的,由中国人民银行或者中国人民银行授权的国有独资商业银行的业务机构予以没收。

中国人民银行授权的国有独资商业银行的业务机构应当将没收的伪造、变造的人民币解缴当地中国人民银行。

第三十六条 办理人民币存取款业务的金融机构应当采取有效措施,防止以伪造、变造的人民币对外支付。

办理人民币存取款业务的金融机构应当在营业场所无偿提供鉴别人民币真伪的服务。

第三十七条 伪造、变造的人民币由中国人民银行统一销毁。

第三十八条 人民币反假鉴别仪应当按照国家规定标准生产。

人民币反假鉴别仪国家标准,由中国人民银行会同有关部门制定,并协助组织实施。

第三十九条 人民币有下列情形之一的,不得流通:

(一)不能兑换的残缺、污损的人民币;

(二)停止流通的人民币。

第五章 罚 则

第四十条 印制人民币的企业和有关人员有下列情形之一的,由中国人民银行给予警告,没收违法所得,并处违法所得1倍以上3倍以下的罚款,没有违法所得的,处1万元以上10万元以下的罚款;对直接负责的主管人员和其他直接责任人员,依法给予纪律处分:

(一)未按照中国人民银行制定的人民币质量标准和印制计划印制人民币的;

(二)未将合格的人民币产品全部解缴中国人民银行人民币发行库的;

(三)未按照中国人民银行的规定将不合格的人民币产品全部销毁的;

(四)未经中国人民银行批准,擅自对外提供印制人民币的特殊材料、技术、工艺或者专用设备等国家秘密的。

第四十一条 违反本条例第十三条规定的, 由工商行政管理机关和其他有关行政执法机关给予警告,没收违法所得和非法财物,并处违法所得1倍以上3倍以下的罚款;没有违法所得的,处2万元以上20万元以下的罚款。

第四十二条 办理人民币存取款业务的金融机构违反本条例第二十一条第二款、第三款和第二十二条规定的,由中国人民银行给予警告,并处1 000元以上5 000元以下的罚款;对直接负责的主管人员和其他直接责任人员,依法给予纪律处分。

第四十三条 故意毁损人民币的,由公安机关给予警告,并处1万元以下的罚款。

第四十四条 违反本条例第二十五条、第二十六条、第二十七条第一款第二项和第四项

规定的,由工商行政管理机关和其他有关行政执法机关给予警告,没收违法所得和非法财物,并处违法所得1倍以上3倍以下的罚款;没有违法所得的,处1 000元以上5万元以下的罚款。

工商行政管理机关和其他有关行政执法机关应当销毁非法使用的人民币图样。

第四十五条 办理人民币存取款业务的金融机构、中国人民银行授权的国有独资商业银行的业务机构违反本条例第三十四条、第三十五条和第三十六条规定的,由中国人民银行给予警告,并处1 000元以上5万元以下的罚款;对直接负责的主管人员和其他直接责任人员,依法给予纪律处分。

第四十六条 中国人民银行、公安机关、工商行政管理机关及其工作人员违反本条例有关规定的,对直接负责的主管人员和其他直接责任人员,依法给予行政处分。

第四十七条 违反本条例第二十条第三款、第二十七条第一款第三项、第二十九条和第三十一条规定的,依照《中华人民共和国中国人民银行法》的有关规定予以处罚;其中,违反本条例第三十一条规定,构成犯罪的,依法追究刑事责任。

第六章 附 则

第四十八条 本条例自2000年5月1日起施行。

二、中国人民银行假币收缴、鉴定管理办法

第一章 总 则

第一条 为规范对假币的收缴、鉴定行为,保护货币持有人的合法权益,根据《全国人民代表大会常务委员会关于惩治破坏金融秩序犯罪的决定》和《中华人民共和国人民币管理条例》制定本办法。

第二条 办理货币存取款和外币兑换业务的金融机构收缴假币、中国人民银行及其授权的鉴定机构鉴定货币真伪适用本办法。

第三条 本办法所称货币是指人民币和外币。人民币是指中国人民银行依法发行的货币,包括纸币和硬币;外币是指在我国境内(香港特别行政区、澳门特别行政区及台湾地区除外)可收兑的其他国家或地区的法定货币。

本办法所称假币是指伪造、变造的货币。

伪造的货币是指仿照真币的图案、形状、色彩等,采用各种手段制作的假币。

变造的货币是指在真币的基础上,利用挖补、揭层、涂改、拼凑、移位、重印等多种方法制作,改变真币原形态的假币。

本办法所称办理货币存取款和外币兑换业务的金融机构(以下简称"金融机构")是指商业银行、城乡信用社、邮政储蓄的业务机构。

本办法所称中国人民银行授权的鉴定机构,是指具有货币真伪鉴定技术与条件,并经中国人民银行授权的商业银行业务机构。

第四条 金融机构收缴的假币,每季末解缴中国人民银行当地分支行,由中国人民银行统一销毁,任何部门不得自行处理。

第五条 中国人民银行及其分支机构依照本办法对假币收缴、鉴定实施监督管理。

第二章　假币的收缴

　　第六条　金融机构在办理业务时发现假币，由该金融机构两名以上业务人员当面予以收缴。对假人民币纸币，应当面加盖"假币"字样的戳记；对假外币纸币及各种假硬币，应当面以统一格式的专用袋加封，封口处加盖"假币"字样戳记，并在专用袋上标明币种、券别、面额、张（枚）数、冠字号码、收缴人、复核人名章等细项。收缴假币的金融机构（以下简称"收缴单位"）向持有人出具中国人民银行统一印制的《假币收缴凭证》，并告知持有人如对被收缴的货币真伪有异议，可向中国人民银行当地分支机构或中国人民银行授权的当地鉴定机构申请鉴定。收缴的假币，不得再交予持有人。

　　第七条　金融机构在收缴假币过程中有下列情形之一的，应当立即报告当地公安机关，提供有关线索：

　　（一）一次性发现假人民币20张（枚）（含20张、枚）以上、假外币10张（含10张、枚）以上的；

　　（二）属于利用新的造假手段制造假币的；

　　（三）有制造贩卖假币线索的；

　　（四）持有人不配合金融机构收缴行为的。

　　第八条　办理假币收缴业务的人员，应当取得《反假货币上岗资格证书》。《反假货币上岗资格证书》由中国人民银行印制。中国人民银行各分行、营业管理部、省会（首府）城市中心支行负责对所在省（自治区、直辖市）金融机构有关业务人员进行培训、考试和颁发《反假货币上岗资格证书》。

　　第九条　金融机构对收缴的假币实物进行单独管理，并建立假币收缴代保管登记簿。

第三章　假币的鉴定

　　第十条　持有人对被收缴货币的真伪有异议，可以自收缴之日起3个工作日内，持《假币收缴凭证》直接或通过收缴单位向中国人民银行当地分支机构或中国人民银行授权的当地鉴定机构提出书面鉴定申请。

　　中国人民银行分支机构和中国人民银行授权的鉴定机构应当无偿提供鉴定货币真伪的服务，鉴定后应出具中国人民银行统一印制的《货币真伪鉴定书》，并加盖货币鉴定专用章和鉴定人名章。

　　中国人民银行授权的鉴定机构，应当在营业场所公示授权证书。

　　第十一条　中国人民银行分支机构和中国人民银行授权的鉴定机构应当自收到鉴定申请之日起2个工作日内，通知收缴单位报送需要鉴定的货币。

　　收缴单位应当自收到鉴定单位通知之日起2个工作日内，将需要鉴定的货币送达鉴定单位。

　　第十二条　中国人民银行分支机构和中国人民银行授权的鉴定机构应当自受理鉴定之日起15个工作日内，出具《货币真伪鉴定书》。因情况复杂不能在规定期限内完成的，可延长至30个工作日，但必须以书面形式向申请人或申请单位说明原因。

　　第十三条　对盖有"假币"字样戳记的人民币纸币，经鉴定为真币的，由鉴定单位交收缴单位按照面额兑换完整券退还持有人，收回持有人的《假币收缴凭证》，盖有"假币"戳记的人民币按损伤人民币处理；经鉴定为假币的，由鉴定单位予以没收，并向收缴单位和持有人开具《货币真伪鉴定书》和《假币没收收据》。

对收缴的外币纸币和各种硬币,经鉴定为真币的,由鉴定单位交收缴单位退还持有人,并收回《假币收缴凭证》;经鉴定为假币的,由鉴定单位将假币退回收缴单位依法收缴,并向收缴单位和持有人出具《货币真伪鉴定书》。

第十四条 中国人民银行分支机构和中国人民银行授权的鉴定机构鉴定货币真伪时,应当至少有两名鉴定人员同时参与,并做出鉴定结论。

第十五条 中国人民银行各分支机构在复点清分金融机构解缴的回笼款时发现假人民币,应经鉴定后予以没收,向解缴单位开具《假币没收收据》,并要求其补足等额人民币回笼款。

第十六条 持有人对金融机构做出的有关收缴或鉴定假币的具体行政行为有异议,可在收到《假币收缴凭证》或《货币真伪鉴定书》之日起60个工作日内向直接监管该金融机构的中国人民银行分支机构申请行政复议,或依法提起行政诉讼。

持有人对中国人民银行分支机构作出的有关鉴定假币的具体行政行为有异议,可在收到《货币真伪鉴定书》之日起60个工作日内向其上一级机构申请行政复议,或依法提起行政诉讼。

第四章 罚 则

第十七条 金融机构有下列行为之一,但尚未构成犯罪的,由中国人民银行给予警告、罚款,同时,责成金融机构对相关主管人员和其他直接责任人给予相应纪律处分:

(一)发现假币而不收缴的;

(二)未按照本办法规定程序收缴假币的;

(三)应向人民银行和公安机关报告而不报告的;

(四)截留或私自处理收缴的假币,或使已收缴的假币重新流入市场的。

上述行为涉及假人民币的,对金融机构处以1 000元以上5万元以下罚款;涉及假外币的,对金融机构处以1 000元以下的罚款。

第十八条 中国人民银行授权的鉴定机构有下列行为之一,但尚未构成犯罪的,由中国人民银行给予警告、罚款,同时责成金融机构对相关主管人员和其他直接责任人给予相应纪律处分:

(一)拒绝受理持有人、金融机构提出的货币真伪鉴定申请的;

(二)未按照本办法规定程序鉴定假币的;

(三)截留或私自处理鉴定、收缴的假币,或使已收缴、没收的假币重新流入市场的。

上述行为涉及假人民币的,对授权的鉴定机构处以1 000元以上5万元以下罚款;涉及假外币的,对授权的鉴定机构处以1 000元以下的罚款。

第十九条 中国人民银行工作人员有下列行为之一,但尚未构成犯罪的,对直接负责的主管人员和其他直接责任人员,依法给予行政处分:

(一)未按照本办法规定程序鉴定假币的;

(二)拒绝受理持有人、金融机构、授权的鉴定机构提出的货币真伪鉴定或再鉴定申请的;

(三)截留或私自处理鉴定、收缴、没收的假币,或使已收缴、没收的假币重新流入市场的。

第五章　附　则

第二十条　本办法自2003年7月1日起施行。

第二十一条　本办法由中国人民银行负责解释。

三、中华人民共和国国家货币出入境管理办法

（国务院令第108号）

第一条　为了加强国家货币出入境管理,维护国家金融秩序,适应改革开放的需要,制定本办法。

第二条　本办法所称国家货币,是指中国人民银行发行的人民币。

第三条　国家对货币出入境实行限额管理制度。

中国公民出入境、外国人入出境,每人每次携带的人民币不得超出限额。具体限额由中国人民银行规定。

第四条　携带国家货币出入境的,应当按照国家规定向海关如实申报。

第五条　不得在邮件中夹带国家货币出入境。不得擅自运输国家货币出入境。

第六条　违反国家规定运输、携带、在邮件中夹带国家货币出入境的,由国家有关部门依法处理;情节严重,构成犯罪的,由司法机关依法追究刑事责任。

第七条　本办法由中国人民银行负责解释。

第八条　本办法自一九九三年三月一日起施行。一九五一年三月六日中央人民政府政务院公布的《中华人民共和国禁止国家货币出入国境办法》同时废止。

复习思考题

一、单项选择题

1. 人民币是指(　　)依法发行的货币,包括(　　)。
   A. 中国人民银行　纸币和硬币
   B. 财政部　纪念币和辅币
   C. 国务院　纸币和纪念币
   D. 中国人民银行　纸币和纪念币

2. 中国人民银行于(　　)起在全国陆续发行第五套人民币。
   A. 1999年10月1日
   B. 2000年1月1日
   C. 2000年5月1日
   D. 2002年1月1日

3. 第五套人民币5元纸币水印中花卉图案是(　　)。
   A. 菊花　　　　　B. 月季花　　　　　C. 水仙花　　　　　D. 荷花

4. 第五套人民币5元纸币的背面主景图案是(　　)。
   A. 桂林山水　　　B. 泰山　　　　　　C. 长江三峡　　　　D. 布达拉宫

5. 第五套人民币5元纸币的主色调为(　　)。
   A. 紫色　　　　　B. 蓝黑色　　　　　C. 棕色　　　　　　D. 红色

6. 第五套人民币10元纸币的背面主景图案是(   )。

    A. 桂林山水   B. 泰山   C. 长江三峡   D. 布达拉宫

7. 第五套人民币10元纸币背面下方四行四印缩微文字是(   )。

    A. "RMB10"和"人民币"   B. "RMB10"和"人民币10"

    C. "10"和"人民币"   D. "RMB"和"人民币"

8. 第五套人民币10元纸币安全线包含的防伪措施是(   )。

    A. 全息、磁性、开窗   B. 磁性、荧光、开窗

    C. 全息、荧光、开窗   D. 荧光、开窗

9. 第五套人民币20元纸币背面中间部位在紫外光下显现(   )色荧光图案。

    A. 黄   B. 绿   C. 桔黄   D. 红

10. 第五套人民币50元纸币的(   )有磁性。

    A. 横号码   B. 竖号码   C. 横竖号码   D. 正面号码

11. 第五套人民币各面额纸币的冠字和号码分别为(   )和(   )。

    A. 2位,8位   B. 1位,9位   C. 2位,6位   D. 1位,7位

12. 第五套人民币50元纸币共有(   )种防伪措施。

    A. 10   B. 9   C. 12   D. 8

13. 第五套人民币50元纸币正面中间偏左及背面左下角面额数字"50"字样是由紫色和绿色两种油墨印刷而成的,且两种颜色对接完整,这种印刷方式为(   )印刷。

    A. 有色荧光油墨   B. 胶印接线   C. 四版接线   D. 雕刻凹版

14. 第五套人民币100元、50元和10元纸币上的"阴阳互补对印图案"是(   )。

    A. 花卉   B. 古钱币   C. 文字   D. 人物头像

15. 第五套人民币100元纸币安全线包含的防伪措施(   )。

    A. 缩微文字和荧光   B. 磁性和荧光

    C. 缩微文字和磁性   D. 全息和缩微文字

16. 第五套人民币100元纸币的光变面额数字的颜色变化是由(   )。

    A. 绿变金   B. 金变绿   C. 蓝变黄   D. 绿变蓝

17. 第五套人民币各面额纸币上的隐形面额数字在票面的(   )。

    A. 正面左下方   B. 正面右下方   C. 正面右上方   D. 背面左上方

18. 《中国人民银行假币收缴、鉴定管理办法》于(   )起施行。

    A. 2000年5月1日   B. 2002年1月1日

    C. 2003年7月1日   D. 2003年10月1日

19. 持有人对公安机关没收的人民币真伪有异议的,可以向(   )申请鉴定。

    A. 上级公安部门   B. 中国人民银行授权的鉴定机构

    C. 中国人民银行   D. 当地政府经济主管部门

20. 中国人民银行分支机构和中国人民银行授权的鉴定机构应当无偿提供鉴定货币真伪的服务,鉴定后应出具中国人民银行统一印制的(   ),并加盖货币鉴定专用章和鉴定人名章。

    A. 假币没收收据   B. 货币真伪鉴定书

    C. 假币收缴凭证   D. 没有正确的答案

21.《中国人民银行假币收缴、鉴定管理办法》由（　　）负责解释。

  A. 国务院   B. 全国人大常委   C. 中国人民银行   D. 以上均是

22. 中国人民银行授权的鉴定机构不得拒绝受理（　　）和（　　）提出的货币真伪鉴定申请。

  A. 持有人　公安机关   B. 中国人民银行　金融机构

  C. 持有人　金融机构   D. 中国人民银行　公安机关

23. 中国人民银行授权的鉴定机构，应当在营业场所公示（　　）。

  A. 假币管理条例   B. 货币真伪鉴定书

  C. 中国人民银行授权书   D. 没有正确的答案

24. 中国人民银行分支机构和中国人民银行授权的鉴定机构鉴定货币真伪时，应当至少有（　　）名鉴定人员同时参与。

  A. 2   B. 3   C. 4   D. 5

25. 金融机构收缴假币时，对（　　　　　），应当面以统一格式的专用袋加封，并在封口处加盖（　　）字样戳记。

  A. 假人民币纸币和各种假硬币，假币   B. 假外币纸币和各种假硬币，送鉴定

  C. 假外币硬币和假人民币硬币，送鉴定   D. 假外币纸币和各种假硬币，假币

26. 对盖有"假币"字样戳记的人民币纸币，经鉴定为假币的，由（　　），并向收缴单位和持有人开具《货币真伪鉴定书》和（　　）。

  A. 鉴定单位代保管　《假币收缴凭证》   B. 鉴定单位予以没收　《假币没收收据》

  C. 鉴定单位予以没收　《假币收缴凭证》   D. 持有人收回　《假币没收收据》

27. 持有人对被收缴货币的真伪有异议，可以自收缴之日起3个工作日内，持（　　）直接或通过收缴单位向中国人民银行当地分支机构或中国人民银行授权的当地鉴定机构提出书面鉴定申请。

  A. 假币实物收据   B. 货币真伪鉴定书   C. 假币收缴凭证   D. 没有正确的答案

二、多项选择题

1. 下列情况中，金融机构在收缴假币过程中发现时应当立即报告公安机关的是（　　）。

  A. 一次性发现假人民币20张（枚）以上的

  B. 一次性发现假外币10张（枚）以上的

  C. 属于利用新的造假手段制造假币的

  D. 有制造、贩卖假币线索的，持有人不配合金融机构收缴行为的

2. 对于金融机构发现假币不予收缴的行为，中国人民银行要对其进行处罚，涉及假人民币的，对金融机构处以（　　）元以上（　　）元以下罚款；涉及假外币的，处以1 000元以下的罚款。

  A. 1 000   B. 5万   C. 4万   D. 3万

3. 中国人民银行授权的鉴定机构拒绝受理持有人、金融机构提出的货币真伪鉴定申请的，由中国人民银行给予（　　）和（　　），同时责成金融机构对相关主管人员和其他直接责任人给予（　　）。

  A. 通报   B. 警告   C. 罚款   D. 相应纪律处分

4. 目前市场上伪造的人民币主要是( )假人民币。

    A. 拓印   B. 复印   C. 机制胶印   D. 手工绘制

5.《中国人民银行假币收缴、鉴定管理办法》所称货币指( )和( )。

    A. 人民币   B. 外币   C. 纸币   D. 硬币

6. 假币收缴专用袋上应标明( )等几项内容。

    A. 收缴人   B. 券别   C. 面额   D. 收缴单位

7. 中国人民银行授权有权办理人民币真伪鉴定业务的金融机构是( )业务机构。

    A. 浦东发展银行   B. 中国工商银行   C. 深圳发展银行   D. 中国银行

8. 目前在市场上发现的假硬币主要有两种造假方式,一是( ),二是( )。

    A. 浇铸法   B. 锻造法   C. 压印法   D. 腐蚀法

9. 纪念币分为( )和( )。

    A. 流通纪念币   B. 贵金属纪念币   C. 停止流通纪念币   D. 普通纪念币

10. 持有人对中国人民银行分支机构作出的有关鉴定假币的具体行政行为有异议,可在收到( )或( )之日起60个工作日内向其上一级机构申请行政复议,或依法提起行政诉讼。

    A. 假币收缴凭证   B. 货币真伪鉴定书   C. 货币没收收据   D. 银行鉴定通知

11. 下列人民币中,( )不得流通。

    A. 不能兑换的残缺、污损的人民币   B. 停止流通的人民币

    C. 流通纪念币   D. 第五套人民币

12. 假币收缴必须遵循的操作程序是( )。

    A. 两名以上业务人员收缴   B. 在持有人视线范围内当面收缴

    C. 加盖"假币"章或用专用袋加封   D. 将盖章后的假币退持有人

三、判断题(正确的打"√",错误的打"×")

1. 第五套人民币1元硬币的材质为白铜合金。( )

2. 第五套人民币5角硬币的币外缘印有"RMB"字符标记。( )

3. 已发行的第五套人民币10元纸币目前没有发现假币。( )

4. 第五套人民币20元纸币的安全线上有缩微文字。( )

5. 第五套人民币20元纸币票面背面没有缩微文字防伪特征。( )

6. 第五套人民币20元纸币背面主景是长江三峡。( )

7. 1999版第五套人民币50元纸币采用的是横、竖双号码。其中只有横号码有磁性。( )

8. 第五套人民币100元、50元、10元和5元纸币采用了凹印缩微文字。( )

9. 真钞纸币即使在碰到洗衣粉等其他化学物质后也不会出现荧光反应。( )

10. 水印倒头的纸币是错版币。( )

11. 第五套人民币100元、50元纸币采用了白水印防伪技术。( )

12. 第五套人民币5种面额的纸币在正面行名下方均印有无色荧光图案。( )

13. 伪造、变造的人民币由中国人民银行统一销毁。( )

14. 伪造的货币是指仿照真币的图案、形状、色彩,并利用挖补、揭层、涂改、拼凑、移位、重

印等多种方法制作,使其改变形态的假币。(　　)

15. 公安机关应当将没收的假人民币解缴当地中国人民银行。(　　)

16. 金融机构收缴假外币时,应当面在票面正反两面加盖"假币"字样戳记。(　　)

17. 金融机构收缴的假币,应当于每季末解缴中国人民银行当地分支行。(　　)

18. 中国人民银行及其分支机构是假币收缴、鉴定行为的监督管理机关,国有独资商业银行鉴定货币真伪、金融机构收缴假币均应获得中国人民银行及其分支机构授权。(　　)

19. 办理货币存取款业务的金融机构,是指我国目前所有的金融机构。(　　)

20. 办理假币收缴业务的人员,应当取得《反假货币上岗资格证书》。(　　)

四、简答题

1. 第五套人民币2005年版100元纸币与1999年版100元纸币相比,增加了哪些防伪特征?

2. 第五套人民币2005年版100元纸币与1999年版100元纸币相比, 防伪特征作了哪些调整?

3. 如何观察第五套人民币1999年版纸币隐形面额数字?

4. 第五套人民币1999年版纸币采用了哪几种安全线?

5.《中华人民共和国人民币管理条例》对持有或发现他人持有假人民币的处理有何规定?

6. 哪些机构有权没收、收缴假币?

7. 哪些金融机构可以鉴定货币真伪?

8.《中华人民共和国人民币管理条例》所禁止的损害人民币的行为有哪些?

五、案例分析题

1. 王军大学毕业后,于2007年10月16日在某银行求职,并顺利获得录用为储蓄柜员。10月18日,王军刚上班就办理伍先生的存款业务,对假币略有所知的王军发现其中有一张人民币100元纸币像是假币,他将假币交给储蓄主管,储蓄主管将这张100元纸币拿到二楼办公室,和同事们仔细辨别后,确认是假币,于是盖上假币章,并开具了假币没收凭证,盖好章,回到柜台将凭证交给伍先生,伍先生悻悻离去。请指出这个案例中的操作是否违反假币收缴程序,为什么?

2. 2007年11月10日,某银行国际业务部小王办理一顾客美元存款时,发现一张100美元假币,当即在钞票正、背两面加盖"假币"章戳,填制中国人民银行统一印制的中英文对照版《假币收缴凭证》,同时叫来储蓄主管复核签章,然后将《假币收缴凭证》交顾客签字,并告知了顾客享有的权利。请指出该案例中的操作是否违反假币收缴程序,为什么?

3. 2007年11月20日, 某货币真伪鉴定机构工作人员小李接到王女士电话要求鉴定其于11月10日被某银行收缴的一张100元假币,小李将假币券别、张数、冠字号码、收缴机构等作了详细的记录。11月25日(11月23日、24日为双休日),小李出差回来后通知收缴单位送达持鉴定货币,并于当日按规定程序进行了鉴定。请指出该案例中的操作是否违反假币鉴定程序,为什么?

4. 在交通事故中,车主看到汽车漆被人擦坏,在接受对方赔款时觉得太少,因而将对方所赠款的人民币纸币当场撕毁,结果受到公安机关9 000元的罚款。请问公安机关的处罚是否正确? 其处罚依据是什么?

第三章

外 币

学习要点 | 　　本章主要讲述外币的一般常识,要求重点掌握5种外币的防伪特征及鉴别。通过对外币的了解,使人们在了解世界货币文化的同时,更加意识到货币交流在经济发展中的重要作用,更加关注我国人民币在世界货币舞台中的地位。

第一节　外币的一般常识

一、外币的概念

外国货币简称外币,是指除本国货币以外的其他国家和地区发行的货币。对我国来说,人民币以外的货币都称为外币。

外币涉及了五大洲包括亚洲、欧洲、南北美洲、非洲、大洋洲的大部分国家的纸币和硬币,目前,世界上有225个国家和地区,其中联合国会员国是191个。每个国家和地区都有货币在流通,这些货币一般都是由各国中央银行发行的本国货币,但也有少数货币是由几个国家或地区共同使用的区域性的货币区货币和贸易区货币,有些岛国仅发行过纪念性货币。

二、我国境内收兑外币

目前,我国境内各商业银行挂牌收兑的外币主要有16种,分别为:美元、英镑、欧元、日元、港币、澳门元、瑞士法郎、瑞典克朗、丹麦克朗、挪威克朗、加拿大元、新加坡元、澳大利亚元、新西兰元、菲律宾比索、泰国铢。

三、构成钞票的基本要素

人们在接触、收纳外钞时,目光直接注意的是反映外钞各方面基本特征的"要素"。构成钞票的基本要素有如下几点:

(1) 发行国家(地区)或发行机构名称。

（2）钞票名称和面值。

（3）发行年代或版别。

（4）币面文字。

（5）正、背面图形（包括花饰、设计师签字）和记号（包括水印、凹凸印、安全线、对印、编印文字等暗记）。

（6）一定的纸张、形状和尺寸。

（7）签字、印记（包括发行印鉴、主管印鉴）和序列号码。

四、钞票的印制

钞票的印制是一门综合技术。它包括纸张制造、雕模、制版、印刷、检验、封包等多种工艺程序。随着科学技术的发展，许多国家把高新技术运用到印钞上，使钞票不仅越来越完美、漂亮、耐用，更富本国、本民族特色外，而且还进一步适应防假的需要。

（一）纸张

印钞用纸不同于一般纸张，而是专门制造的，具有光洁、坚韧、耐磨力强、挺度好、不起毛、不断裂等特点。因此，对造纸原料的质量要求很高，通常以棉、麻等原料为主。有的国家还加上了本地特有的产物，如日元纸浆中有三桠皮浆的成分等。

现代纸币主要防伪措施有：

（1）水印。水印是一种经过光透射显现于纸张上的图饰，由湿纸页经造纸机上焊有凹凸图饰的水印辊或压轧辊等印压而成。印钞纸上的水印分固定水印、半固定水印和不固定水印。

（2）纸张中掺入植物纤维和金属片。纤维丝粗细长短和颜色不同，是嵌在纸币中的，而不是印制在纸币上的，用肉眼可看出或用针可挑出，纤维的和金属片的元素在紫外光灯下呈现出一种特定颜色的荧光反射。美元、加拿大元的印制都采用了这种技术。

（3）安全线。安全线包括金属线、塑料线、缩微印刷线、荧光线等。在英镑、马来西亚吉特等钞票中所使用的被称为"宇宙尘"的间接露出安全线，则是防止彩色复印机复印钞票的有效方法之一。

（4）全息图、显像图、地纹图。衍生于纸钞上的为防止现代复制技术伪造假钞而研制出的新防伪技术，具有使任何现代复制技术完全失效的能力。如新版美钞的防复印地纹，肖像和建筑物背景由等距的弧线构成，无论用什么方法复制都会产生规则的衍射条纹。

（5）纸张本色。印钞纸与普通纸有一个显著的区别，普通纸含有增白剂，在紫外光灯等特殊光源下有明显荧光反映，而印钞纸则恰恰相反，保持本色。

（6）变色油墨。如新版美元背面左下角面值数字，正视为绿色，斜视则为黑色，颜色会随着视角改变而改变。

（二）制版

一张完整的钞票通常要有几块版。底纹版使用机器雕刻，先进的电脑机床可以设计出各种复杂的底纹图案。手工雕刻则使用于钞票主要图案的设计上。手工雕刻具有不可模仿性。

（三）油墨

印钞油墨是专门研制的。选择油墨也是钞票印制过程中的一个重要的步骤。目前使用的都是着墨持久、光洁鲜亮的彩色油墨。

（四）印刷

印刷钞票的印刷很关键，对防假起着重要的作用。印刷的方法主要有以下几种：

（1）胶版印刷。就是印版的图纹部分和空白部分在同一平面上，利用水和油墨排斥原理，图纹部分具有亲油疏水性，空白部分具有亲水疏油性。

（2）凹版印刷。印版上图纹部分低于版面，印刷时，全版面涂黑，然后擦拭去表面平面上的油墨，只留下凹部油墨，经过加压（高压），使版面低凹部分的油墨移到纸面上。这种印刷方法称为"凹版印刷"。这种版印出的图案呈三维图案，立体感强、层次分明，手摸有凹凸感。这种印刷方法用于钞票的主要部位，如人像和主景的印刷。

（3）凸版印刷。印版上图纹高于版面，印刷时，图纹部分涂墨后，复纸加压，油墨即从印版转移到纸面上。这种印刷方法称为"凸版印刷"。凸印类似铅字印刷，印刷时的压力使反面有凸起的痕迹，形成明显的轮廓感。凸版印刷的连号码，背面能看出凸痕。

（4）接线和凸印接线印刷。它用特制机器印刷，使得花纹图案的多色线条精确衔接，具有很好的防伪效果。

（5）对印印刷。它是目前采用的一种较先进的印刷技术，用高级印刷机，将钞票的两面同时印刷，两面图案完全相吻合。这种方法印出的钞票极难仿造。

除此之外，折光法、隐像法、隔色法等都是一些印刷钞票过程中所使用的高新技术方法。如新加坡、加拿大、澳大利亚等国家，在它们的钞票上使用多种光变图像，从不同的角度显示出的图像也不同，颜色也随之变化，极难仿制，堪称目前最新的印钞技术。对以塑料、金箔、银箔等质地的新型钞票印刷，也有新的突破。

五、钞票的发行机构

多数国家和地区发行钞票的机构，为中央银行，少数也有例外。从券别上概括，有政府券、国家银行券、地区联盟银行券及经政府核准的银行券四种。例如，英国的钞票是中央银行英格兰银行发行的国家银行券；欧元是欧盟中央银行发行的地区联盟银行券；中国香港地区的钞票，是由香港特别行政区政府指定香港上海汇丰银行、香港渣打银行和中国银行发行。

第二节　我国收兑的主要外币防伪

近几年来，各国（地区）货币发行、流通情况变化较大，新版货币防伪技术不断提高，随之而来的是外币伪钞也防不胜防，真伪识别难度也越来越大。只有了解和掌握各国（地区）货币情况，才能提高鉴别真假外币的能力。下面介绍我国收兑的主要外币防伪知识。

一、美元

（一）美元现钞的主要特征

货币名称：美元（UNITED STATES DOLLAR），俗称美金。

发行机构：美国联邦储备银行（U.S. FEDERAL RESERVE BANK）。

货币符号：USD。

辅币进位：1美元=100分(CENTS)。

钞票面额：1、2、5、10、20、50、100美元七种纸币。以前曾发行过500美元和1 000美元面额的大面额钞票，现在已不再流通。辅币有1、5、10、25、50美分等铸币。

美元是美国的官方货币。美国最早的纸币是由13个殖民地的联合政权"大陆会议"批准发行的，称为"大陆币"。1863年财政部被授权开始发行钞票，背面印成绿色，被称为"绿背"，一直沿用至今。现在流通的美元纸币有三类，数量最多的是联邦储备钞票，其总面额占流通钞票的99％，其余的1％是合众国钞票和银元票，它们已停止印制，只是在市面上偶尔可以见到。目前流通的美元纸币是自1929年以来发行的各版钞票，主要是联邦储备券，发行机构是美国联邦储备银行。美元的发行权属于美国财政部，主管部门是国库，具体发行业务由联邦储备银行负责办理。美元是外汇交换中的基础货币，也是国际支付和外汇交易中的主要货币，在国际外汇市场中占有非常重要的地位。

(二)美元纸币的票面特征

美元是国际印钞界公认的设计特征变化最少的钞票之一。虽经多次改版，但不同版别的钞票变化并不大，只是防伪功能得到了不断加强。美元票面尺寸不论面额和版别均为156毫米×66毫米。正面主景图案为人物头像，主色调为黑色。背面的主景图案为建筑，主色调为绿色，但不同版别的颜色略有差异，如1934年版背面为深绿色，1950年版背面为草绿色，1963年版以后各版背面均为墨绿色。下面重点介绍联邦储备钞票。美元纸币的票面特征如图3-1所示。

图3-1 100美元纸币的票面特征

美元纸币的票面特征如下所示：

(1)钞票名称。联邦储备券(Federal Reserve Note)。

(2)钞票主图。美钞正面肖像是美国历史上的著名人物，背面是相关的建筑物或面值等。

A. 100美元。100美元纸币的票样如图3-2所示。

正面主景：本杰明·富兰克林(Benjamin Franklin)，系美国政治家、科学家、发明家。

背面主景：美国独立纪念堂。

版别：1996年版、1999年版、2001年版、2003年版。

图3-2　100美元纸币票样

尺寸：156毫米×66毫米。

水印图像：富兰克林头像。

B. 50美元。50美元纸币的票样如图3-3所示。

图3-3　50美元纸币票样

正面主景：尤里西斯·格兰特(Ulysses Grant)，系美国将军、第十八任总统。

背面主景：美国国会大楼。

版别：1996年版、1999年版、2001年版。

尺寸：156毫米×66毫米。

水印图像：格兰特头像。

C. 20美元。20美元纸币的票样如图3-4所示。

图3-4　20美元纸币票样

正面主景：安德鲁·杰克逊(Andrew Jackson)，系美国著名将领、第七任总统。

背面主景：美国白宫。

版别：2004年版。

尺寸：156毫米×66毫米。

水印图像：杰克逊头像。

D. 10美元。10美元纸币的票样如图3-5所示。

正面主景：亚历山大·汉密尔顿(Alexander Hamilton)，系美国第一任财政部长。

背面主景：美国财政部大楼。

图3-5　10美元纸币票样

版别：1999年版、2001年版、2003年版。

尺寸：156毫米×66毫米。

水印图像：汉密尔顿头像。

E. 5美元。5美元纸币的票样如图3-6所示。

图3-6　5美元纸币票样

正面主景：亚伯拉罕·林肯（Abraham Lincoln），系美国第十六任总统。

背面主景：林肯纪念堂，四周高13.41米的36根科罗拉多大理石。廊柱象征林肯时代的36个联邦州。堂内是5.79米高的佐治亚白色大理石林肯座像和田纳西大理石基座。

版别：1999年版、2001年版、2003年版。

尺寸：156毫米×66毫米。

水印图像：林肯头像。

F. 2美元。2美元纸币的票样如图3-7所示。

图3-7　2美元纸币票样

正面主景：杰斐逊（Jefferson），系美国独立宣言起草人，第三任总统。

背面主景：1776年美国独立宣言签字会场。

G. 1美元。1美元纸币的票样如图3-8所示。

正面主景：华盛顿（Washington），系美国国父、第二任总统。

背面主景：美国国徽正反两面图案。

（3）国家名称。美元纸币正面名称和人物肖像之间是凹印的"THE UNITED STATES OF

图3-8　1美元纸币票样

AMERICA"（美利坚合众国）。

（4）钞票面额。有英文、阿拉伯数字两种表示方法。

（5）兑付保证。1928年版美钞上的兑付保证是一种表述，1934年至1963年是另一种表述，1963年至今一直未变，精简为："THIS NOTE IS LEGAL TENDER FOR ALL DEBTS，PUBLIC AND PRIVATE"。

（6）行印。1928年版美钞行印为环状，环内上方写有"THE FEDERAL RESERVE BANK OF"，下方为12个发行钞票的银行所在州及城市名，中间为州银行编号数字。1928年A版美钞将中间的编号数字换成标志字母，字母与数字的对应关系如表3-1所示。

表3-1　美钞行印字母与数字对应关系表

编　号	标 志 字 母	州	城　　市
1	A	马萨诸塞州（MASSACHUSETTS）	波士顿（BOSTON）
2	B	纽约州（NEW YORK）	纽约市（NEW YORK）
3	C	宾夕法尼亚州（PENNSYLVANIA）	费城（PHILADELPHIA）
4	D	俄亥俄村（OHIO）	克利福兰（CLEVELAND）
5	E	弗吉尼亚州（VIRGINIA）	里士满（RICHMOND）
6	F	佐治亚州（GEORGIA）	亚特兰大（ATLANTA）
7	G	伊利诺斯州（ILLINOIS）	芝加哥（CHICAGO）
8	H	密苏里州（MISSOURI）	圣路易（ST·LOUIS）
9	I	明尼苏达州（MINNESOTA）	明尼阿波利斯（MINNEAPOLIS）
10	J	堪萨斯州（KANSAS）	堪萨斯城（KANSAS CITY）
11	K	得克萨斯州（TEXAS）	达拉斯（DALLAS）
12	L	加利福尼亚州（CALIFORNIA）	旧金山（SAN FRANCISCO）

1934年B版以后美钞行印环内上方文字去掉了"THE"；1950~1995年间发行的美钞行印缩小了一些，并在环的外边增加了齿轮状的装饰。1996年以后美国发行了新设计（NCD）钞票，并采用了统一的徽章，称之为联邦储备系统印章。联邦储备系统印章如图3-9所示。

（7）行编号。1996年以前发行的美钞行编号位于钞票正面版内四角空白处，1996年以后发行的新版美钞行编号则位于左上方序列号的下方。

图3-9 联邦储备系统印章

（8）财政部印章（库印）。印章为绿色油墨印制而成，外围有40个齿，圆中心为一盾牌，边缘处有一行文字，1963年以前是拉丁文"THESAUR AMER SEPTENT SIGIL"，上下部共有49个圆点。自1963年B版起，改为英文"THE DEPARTEMENT OF THE TREASURY 1789"，上下部共有39个圆点。

（9）序列号（连号）。序列号的颜色与库印相同，1934年版及以前版的字体较大，高度为4毫米；1935年以后发行的美钞连号改为3.5毫米。1996年以前版美钞连号的首位字母为行编号对应的标志字母，中间有8位数字，最后一位为扩展字母（字母O不用）。1996年以后发行的新版美钞有两位前导字母，首位字母代表钞票的年版，A、B、C、D、E分别代表1996、1999、2001、2003、2004各年版。

（10）检查字母与四分版号。表示该钞票在整版美钞中的位置。1928~1953年间一张整版美钞有12张钞票，1953~1957年为18张，1957年至今，一张整版美钞（俗称大连张）有32张钞票，分为四个区（1、2、3、4），每个区有8张钞票，用英文字母A~H表示，如钞票的检查字母和四分版号为H4，则表示该钞票位于整版中的右下部的深色部分。四分版号如表3-2所示。

表3-2 美元的四分版号表

	A1	E1	A3	E3	
1	B1	F1	B3	F3	3
	C1	C1	C3	C3	
	D1	H1	D3	H3	
3	A2	E2	A4	E4	4
	B2	F2	B4	F4	
	C2	G2	C4	G4	
	D2	H2	D4	H4	

（11）年版号。年版号表示美钞印钞版被批准使用的年份，印制版可多次使用。后缀字母表示印制版有少许改动，如签名等。截止到2003年8月31日，流通美钞（联邦储备券）的年版号如表3-3所示。

（12）财政部部长签名。在财政部印章正下方。

（13）国库长签名。在联邦区银行印章正下方。

（14）正面印版编号。

（15）背面印版编号。

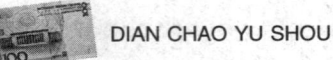

表3-3 流通美钞(联邦储备券)年版号表

面值	年 版 号
$1	1963、1963A、1963B、1969、1969A、1969B、1969C、1969D、1974、1977、1977A、1981、1981A、1985、1988、1988A、1993、1995、1999、2001、2003
$2	1976、1995
$5	1928、1928A、1928B、1928C、1928D、1934、1934A、1934B、1934C、1954D、1950、1950A、1950B、1950C、1950D、1950E、1963、1963A、1969、1969A、1969B、1969C、1974、1977、1977A、1981、1981A、1985、1988、1988A、1990、1993、1995、1999、2001
$10	1928,1928A,1928B,1928C,1934,1934A,1934B,1934C,1934D,1950,1950A,1950B,1950C,1950D,1950E,1963,1963A,1969,1969A,1969B,1969C,1974,1977,1981,1981A,1985,1988A,1990,1993,1995,1996,1999,2001
$20	1928,1928A,1928B,1928C,1934,1934A,1934B,1934C,1934D,1950,1950A,1950B,1950C,1950D,1950E,1963,1963A,1969,1969A,1969B,1969C,1974,1977,1981,1981A,1985,1988A,1990,1993,1995,1996,1999,2004
$50	1928、1928A、1934、1934A、1934B、1934C、1934D、1950、1950A、1950B、1950C、1950D、1950E、1963A、1969、1969A、1969B、1969C、1974、1977、1981、1981A、1985、1988A、1990、1993、1996、2001
$100	1928、1928A、1934、1934A、1934B、1934C、1934D、1950、1950A、1950B、1950C、1950D、1950E、1963A、1969、1969A、1969B、1969C、1974、1977、1981、1981A、1985、1988、1990、1993、1996、1999、2001

（三）美元纸币的防伪特征

美元纸币的防伪特征如下所示：

（1）专用纸张。美元的纸张主要是由80％棉和20％的麻制造。棉纤维长使纸张不易断裂，吸墨好、不易掉色。麻纤维结实坚韧，使纸张挺括，经久流通不起毛，对水、油及一些化学物质有一定的抵抗能力。美元纸张中没有添加增白剂，在紫外光灯下无荧光反应。

（2）固定人像水印。从1996年版美元纸张中加入了与票面人物头像图案相同的水印。

（3）红、蓝彩色纤维。从1885年版起，美元纸张中加入了红、蓝彩色纤维丝。从1885年版到1928年版美元的红蓝彩色纤维是采用定向施放的，即红、蓝纤维丝分布在钞票的正中间，由上至下形成两条狭长条带。1928年版及以后各版，红、蓝彩色纤维丝则随机分布在整张钞票中。

（4）文字安全线。从1990年版起，5美元至100美元各面额纸币的纸张中加入了一条全埋文字安全线。安全线上印有"USA"及阿拉伯或英文单词面额数字字样。1996年版50、20美元安全线上还增加了美国国旗图案。1996年版美元的安全线还是荧光安全线，在紫外光灯下呈现出不同的颜色，100、50、20、10、5美元安全线分别为红、黄、绿、棕、蓝色。

（5）雕刻凹版印刷。美元正背面的人像、建筑、边框及面额数字等均采用雕刻凹版印刷，图案线条清晰、着墨重、层次分明，用手触摸有明显的凹凸感。1996年版美元的人像加大，放大的人物肖像便于识别，精细的线条增加了复制难度，形象也更生动。

（6）凸版印刷。美元纸币上的行印、库印、连号等采用凸版印刷，在钞票背面的相应部位用手触摸有凹凸感。

（7）同心细线印刷。1996年版美元在正面人像的背景和背面建筑的背景采用细线设计，该设计有很强的防复效果。

（8）凹印缩微文字。从1990年版起,在美元人像边线中增加一条由凹印缩微文字组织的环线,缩微文字为"THE UNITED STATES OF AMERICA"。1996年版100美元和20美元还分别在正面左下角面额数字中增加了"USA100"和"USA20"字样缩微文字,50美元则在正面两侧花边中增加"FIFTY"字样缩微文字。

（9）冠字号码。美元纸币正面均印有两组横号码,颜色为翠绿色。1996年版以前的美元冠字号码由一位冠字、8位数字和一个后缀字母组成,1996年版美元增加了一位冠字,用以代表年号。

（10）光变面额数字。1996年版100、50、20、10美元正面左下角面额数字是用光变油墨印刷的,在与票面垂直角度观察时呈绿色,将钞票倾斜一定角度则变为黑色。

（11）磁性油墨。美元正面凹印油墨带有磁性,用磁性检测仪可检测出磁性。

（四）美元硬币

美国历史上发行过的硬币,面值有0.5、1、5、10、50美分和1美元。在早期的硬币上多铸有自由女神像,后来铸有人物头像、动物图案、装饰符号等,以铸有历史上著名总统头像为多。有金、银、铜、镍等各类材质铸造的钱币。

目前美国流通的硬币有1、5、10、25、50美分和1美元六种,硬币正面为政治家侧面头像和箴言"IN GOD WE TRUST"（我们信仰上帝）,上部是英文"LIBERTY"（自由）,下部是铸造年份,肖像旁边或下边刻有代表造币厂的字母。背面除面值外还铸有国名和拉丁文箴言"EPLURIBUS UNUM"（合众为一）。

（1）1美元。1美元硬币样币如图3-10所示。

图3-10　1美元硬币样币

正面图景:美国废奴运动者和女权运动先驱苏珊·安东尼头像、英文字样"自由"、箴言"我们信仰上帝"、年号。

反面图景:国名、"阿波罗"11号飞船徽章——登上月球的白头鹰、面额（英文）。

直径:2.65厘米。

重量:8.100克。

材质:铜镍合金（含铜75％、镍25％）。

发行时间:1979年。

（2）50美分。50美分硬币样币如图3-11所示。

正面图景:美国总统肯尼迪头像、英文字样"自由"、箴言"我们信仰上帝"、年号。

反面图景:国名、美国总统玺、面额（英文）。

图3-11　50美分硬币样币

直径：3.06厘米。

重量：11.340克。

材质：1964年版是银质，1965至1970年版为包银，1971年以后版改为铜镍合金（含铜75％、镍25％）。

发行时间：1964年。

（3）25美分。25美分硬币样币如图3-12所示。

图3-12　25美分硬币样币

正面图景：美国第一任总统华盛顿头像、英文字样"自由"、箴言"我们信仰上帝"、年号。

反面图景：飞翔的白头鹰（国鸟）、拉丁文箴言"合众为一"、面额（英文）。

直径：2.425厘米。

重量：5.670克。

材质：1964年以前是银质，1965年以后改为铜镍合金（含铜75％、镍25％）。

发行时间：1930年。

（4）10美分。10美分硬币样币如图3-13所示。

图3-13　10美分硬币样币

正面图景：美国总统罗斯福半身像、英文字样"自由"、箴言"我们信仰上帝"、年号。

反面图景：国名、火炬、橄榄枝和月桂枝、拉丁文箴言"合众为一"、面额（英文）。

直径：1.79厘米。

重量：2.268克。

材质：1964年以前为银质，1965年以后改为铜镍合金（含铜75％、镍25％）。

发行时间：1946年。

（5）5美分。5美分硬币样币如图3-14所示。

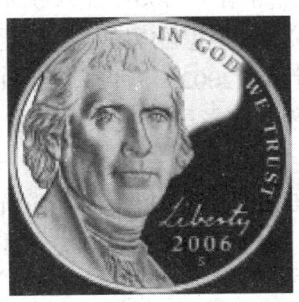

图3-14 5美分硬币样币

正面图景：美国总统杰斐逊半身像、英文字样"自由"、箴言"我们信仰上帝"、年号。

反面图景：国名、杰斐逊在蒙帝塞洛的故居、拉丁文箴言"合众为一"、面额（英文）。

直径：2.121厘米。

重量：5.000克。

材质：铜镍合金（含铜75％、镍25％）。

发行时间：1938年。

（6）1美分。1美分硬币样币如图3-15所示。

图3-15 1美分硬币样币

正面图景：美国总统林肯半身像、英文字样"自由"、箴言"我们信仰上帝"、年号。

反面图景：国名、林肯纪念堂、拉丁文箴言"合众为一"、面额（英文）。

直径：1.905厘米。

重量：3.110克。

材质：青铜（含铜95％、锌5％）。

发行时间：1909年。

二、欧元

(一) 欧元简介

欧元（EURO）是欧洲货币联盟（EMU）国家单一货币的名称。欧元的国家标准代码为EUR，惯用符号是€，在欧元区12个成员国（比利时、德国、希腊、西班牙、法国、爱尔兰、意大利、芬兰、葡萄牙、奥地利、荷兰、卢森堡）成为唯一的法定货币。欧元在香港一般称为欧罗。1999年1月1日起，欧元在奥地利、比利时、法国、德国、芬兰、荷兰、卢森堡、爱尔兰、意大利、葡萄牙和西班牙11个国家（以下称为"欧元区内国家"）开始正式使用。希腊于2000年加入欧元区，成为欧元区第12个成员国，欧元于2002年1月1日取代上述12国的货币，根据欧盟的规定，欧元现钞于2002年1月1日起正式进入流通，欧元区的各成员国原流通货币从2002年3月1日起停止流动。欧元是由欧元系统（Eurosystem）即欧洲中央银行（ECB）和各欧元成员国中央银行负责制造和发行。

1欧元=100欧分（cent）

目前流通的欧元纸币共有7种：500、200、100、50、20 、10欧元和5欧元，运用了赤、橙、黄、绿、青、蓝、紫七个不同的颜色；欧元硬币有2欧元、1欧元、50欧分、20欧分、10欧分、5欧分、2欧分和1欧分。

(二) 欧元的发展历史

欧元是自罗马帝国以来欧洲货币改革最为重大的结果。欧元不仅仅使欧洲单一市场得以完善，欧元区国家间自由贸易更加方便，而且更是欧盟一体化进程的重要组成部分。

尽管摩纳哥、圣马力诺和梵蒂冈并不是欧盟国家，但是由于它们以前使用法国法郎或者意大利里拉作为货币，现在也使用欧元并授权铸造少量的它们自己的欧元硬币。一些非欧盟国家和地区，如黑山、科索沃和安道尔，也使用欧元作为支付工具。

欧元由欧洲中央银行和各欧元区国家的中央银行组成的欧洲中央银行系统负责管理。总部坐落于德国法兰克福的欧洲中央银行有独立制定货币政策的权力，欧元区国家的中央银行参与欧元纸币和欧元硬币的印刷、铸造与发行，并负责欧元区支付系统的运作。

(三) 欧元纸币

1. 欧元纸币的票面特征

欧元图案是由欧洲货币局公开征集而于1996年12月13日最终确定的。奥地利纸币设计家罗伯特·卡利纳的方案被采用。按照卡利纳的方案，票面值越大，纸币面积越大。各种纸币正面图案的主要组成部分是门和窗，象征着合作和坦诚精神。12颗星围成一个圆圈，象征欧盟各国和谐地生活在欧洲。纸币的反面是桥梁的图案，象征欧洲各国联系紧密。各种门、窗、桥梁图案分别代表欧洲各时期的建筑风格，币值从小到大依次为古典派、浪漫派、哥特式、文艺复兴式、巴洛克式和洛可可式、铁式和玻璃式、现代派建筑风格，颜色分别为灰色、红色、蓝色、橘色、绿色、黄褐色、淡紫色。区内各国印制的欧元纸币，正面、背面图案均相同，纸币上没有任何国家标志。

欧元纸币用棉纸制造，有特殊的手感，有一部分会凹凸不平，并有一条防伪线，且纸币上端的面值数字使用变色油墨印刷。

欧元纸币共分为5、10、20、50、100、200、500欧元7种面值，尺寸和颜色各不相同。每种面值的纸币都显示一个欧洲建筑时期、一张欧洲地图和欧洲旗帜。欧元纸币上的要素如图3-16所示。

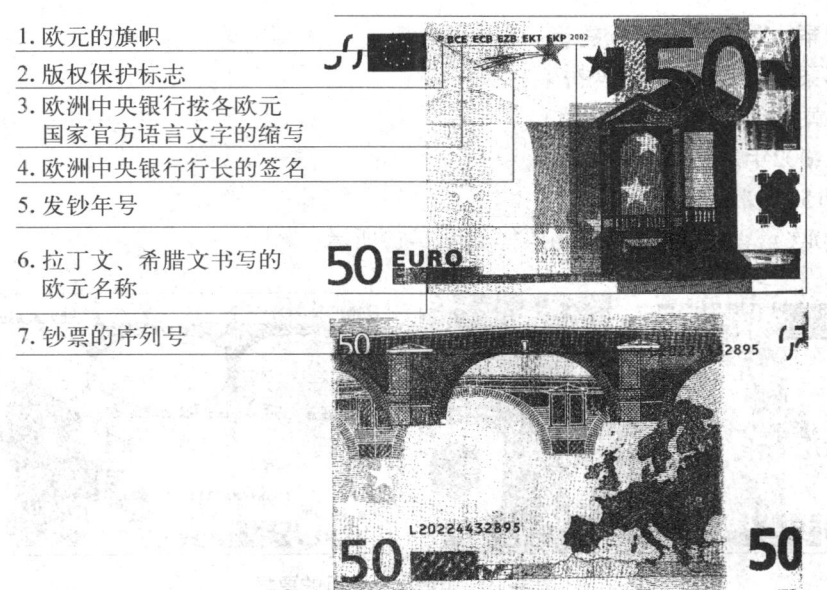

1. 欧元的旗帜
2. 版权保护标志
3. 欧洲中央银行按各欧元国家官方语言文字的缩写
4. 欧洲中央银行行长的签名
5. 发钞年号
6. 拉丁文、希腊文书写的欧元名称
7. 钞票的序列号

图3-16 欧元纸币上的要素

下面介绍七种面值的纸币的票面特征。

（1）500欧元。500欧元纸币的票样如图3-17所示。

图3-17 500欧元纸币的票样

正面图案：20世纪现代建筑的门窗。

背面图案：20世纪钢缆斜拉桥。

颜色：紫色。

版别：2002年。

尺寸：160毫米×82毫米。

（2）200欧元。200欧元纸币的票样如图3-18所示。

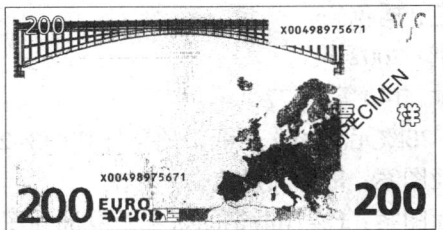

图3-18 200欧元纸币的票样

正面图案：钢铁及玻璃式建筑。

背面图案：19~20世纪钢铁桥梁。

颜色：黄褐色。

版别：2002年。

尺寸：153毫米×82毫米。

（3）100欧元。100欧元纸币的票样如图3-19所示。

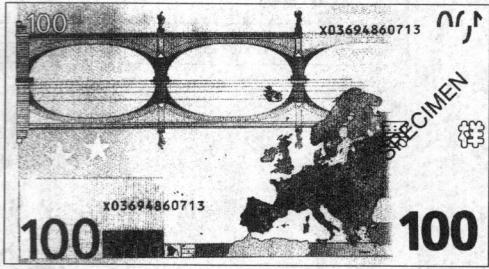

图3-19　100欧元纸币的票样

正面图案：巴洛克式及洛可可式门廊。

背面图案：17~18世纪的桥梁。

颜色：绿色。

版别：2002年。

尺寸：147毫米×82毫米。

（4）50欧元。50欧元纸币的票样如图3-20所示。

图3-20　50欧元纸币的票样

正面图案：文艺复兴时期建筑。

背面图案：文艺复兴时期的桥梁。

颜色：橘色。

版别：2002年。

尺寸：140毫米×77毫米。

（5）20欧元。20欧元纸币的票样如图3-21所示。

正面图案：哥特式建筑。

背面图案：12~16世纪的桥梁及欧洲地图。

颜色：蓝色。

图3-21　20欧元纸币的票样

版别：2002年。

尺寸：133毫米×72毫米。

（6）10欧元。10欧元纸币的票样如图3-22所示。

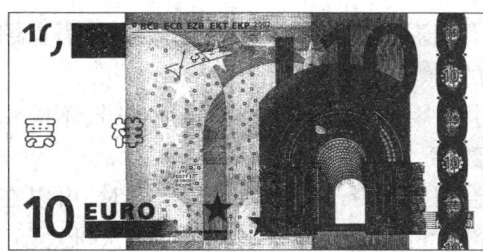

图3-22　10欧元纸币的票样

正面图案：罗马式门廊。

背面图案：罗马式桥梁及欧洲地图。

颜色：红色。

版别：2002年。

尺寸：127毫米×67毫米。

（7）5欧元。5欧元纸币的票样如图3-23所示。

图3-23　5欧元纸币的票样

正面图案：希腊式门廊。

背面图案：古希腊、罗马时期的桥梁及欧洲地图。

颜色：灰色。

版别：2002年。

尺寸：120毫米×62毫米。

2. 欧元纸币的防伪特征

欧元的设计采用了多项先进的防伪技术,包括普通公众识别的安全特征、借助常用仪器观察的专业防伪特征、不公开的专家和机器识别特征。欧元纸币的防伪特征主要有以下几个方面:

(1)纸张:欧元纸币用纯棉纸印制,纸张较薄,韧性强,摸起来不滑、不脆,从手感上明显与其他种类的纸张不同。在水印图案部分可以感觉到纸张厚薄的变化。

(2)水印:欧元纸币均采用了双水印,即与每一票面主景图案相同的门窗水印及面额数字白水印。水印图案的立体感强。纸币中间部分还有竖道的水印条码,是机器识别的标志。

(3)安全线:欧元纸币采用了全埋黑色安全线,仔细观察可以看到安全线上浅色的欧元名称(EURO)和面额数字。

(4)对印图案:欧元纸币左上角正背面的不规则图形正好互补成面额数字,对接准确,无错位。

(5)凹版印刷:欧元纸币正面的面额数字、门窗图案、欧洲中央银行的5种语言缩写及200、500欧元的盲文标记均是采用雕刻凹版印刷的,摸起来有明显的凹凸感。

(6)珠光油墨印刷图案:5、10、20欧元背面中间用珠光油墨印刷了一个条带,不同角度下可出现不同的颜色,而且可看到欧元符号和面额数字。

(7)全息标识:5、10、20欧元正面右边贴有全息薄膜条,在变换观察角度时,可以在水平线中央看到金色的荧光线条,其中有币值数字和欧元的代表符号;50、100、200、500欧元正面右下角贴有全息薄膜块,变化角度可看到明亮的主景图案和面额数字。

(8)光变面额数字:50、100、200、500欧元背面右下角面额数字是用光变油墨印刷的,如果倾斜着观察,能从不同的角度看到币值数字变换着从紫红、橄榄绿直到褐色的各种颜色。

(9)无色荧光纤维:在紫外光灯下,可以看到欧元纸张中有明亮红、蓝、绿三色无色荧光纤维。

(10)有色荧光印刷图案:在紫外光灯下,欧盟旗帜和欧洲中央银行行长签名的蓝色油墨变为绿色;12颗星由黄色变为橙色;背面的地图和桥梁则全变为黄色。

(11)凹印缩微文字:欧元纸币上有许多缩微印刷文字。其中0.5 mm高的微型文字可以用裸眼看到,而0.2 mm缩微文字看起来就像一条线。在放大镜下观察,真币上的缩微文字线条饱满,这些最小的字也清晰可见,边缘丝毫都不模糊。

欧元纸币具有有效的安全特征,可以避免伪造。有了这些安全特征,要复制欧元纸币很难。伪钞将很容易被各类使用者辨别出来,如出纳、普通公众和纸币收款机。

(四)欧元纸币的真伪鉴别

同识别人民币一样,识别欧元纸币也同样要采用"一看、二摸、三听、四测"的方法。

(1)一看。一是迎光透视:主要观察水印、安全线和对印图案。二是晃动观察:主要观察全息标识。5、10、20欧元背面珠光油墨印刷条状标记和50、100、200、500欧元背面右下角的光变油墨面额数字。

(2)二摸。一是摸纸张:欧元纸币纸张薄、挺度好,摸起来不滑、密实,在水印部位可以感到有厚薄变化。二是摸凹印图案:欧元纸币正面的面额数字、门窗图案、欧洲中央银行缩写及200、500欧元的盲文标记均是采用雕刻凹版印刷的,摸起来有明显的凹凸感。

(3)三听。用手抖动纸币,真钞会发出清脆的声响。

（4）四测。用紫外光灯和放大镜等仪器检测欧元纸币的专业防伪特征。在紫外光灯下，欧元纸张无荧光反应，同时可以看到纸张中有红、蓝、绿三色无色荧光纤维；欧盟旗帜和欧洲中央银行行长签名的蓝色油墨变为绿色；12颗星由黄色变为橙色；背面的地图和桥梁则全变为黄色。

欧元纸币正背面均印有缩微文字，在放大镜下观察，真币上的缩微文字线条饱满且清晰。

（五）欧元硬币

硬币由欧元区各国铸造，所有硬币的正面都是相同的，标有硬币的面值，都铸有欧洲货币联盟的标志，而硬币背面的图案则是由发行国自行设计的。君主立宪制国家常常使用其君主的头像，其他的国家通常用其国家的象征。所有不同的硬币都可以在所有地区使用，如铸有西班牙国王头像的硬币在除了西班牙以外的其他使用欧元的国家也是法定货币。欧元硬币一共有8种。虽然1欧分和2欧分的硬币一般不在芬兰和荷兰使用，但仍然是法定货币。

目前流通的欧元硬币有1、2、5、10、20、50欧分和1欧元、2欧元等8种面值。欧元区12个国家的硬币有一面的图案相同，另一面则不相同，各国不同的一面分别如表3-4所示。

表3-4　欧元区国家硬币的不同面的图案

国　　家	图　　案	国　　家	图　　案
奥地利	艺术、建筑或花朵图案	荷兰	贝娅特丽克丝女皇
比利时	阿尔伯特二世国王肖像	爱尔兰	凯尔特竖琴
芬兰	花朵、天鹅、狮子	意大利	意大利艺术杰作
德国	老鹰、勃兰登堡大门	卢森堡	亨利大公
法国	树木、播种者	葡萄牙	1144年、1142年、1134年的皇家印玺
希腊	神话、历史、政治、航运代表图案	西班牙	卡洛斯一世国王

以50欧分为例，欧元硬币样币如图3-24所示。

(a) 50欧分正面

德国　　　　　　　法国　　　　　　　意大利　　　　　　荷兰

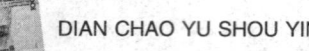

比利时	卢森堡	西班牙	葡萄牙
希腊	爱尔兰	奥地利	芬兰

(b) 50欧分背面

图3-24　50分欧元硬币样币

欧元硬币特征如表3-5所示。

表3-5　欧元硬币特征

面 值	颜 色	直 径	厚 度	重 量	成 分
1 欧分	红铜色	16.25 mm	1.36 mm	2.3 g	红铜包铜
2 欧分	红铜色	18.75 mm	1.36 mm	3.06 g	红铜包铜
5 欧分	红铜色	21.25 mm	1.36 mm	3.292 g	红铜包铜
10 欧分	红铜色	19.75 mm	1.51 mm	4.10 g	斯堪的纳维亚金
20 欧分	金黄色	22.25 mm	1.63 mm	5.74 g	斯堪的纳维亚金
50 欧分	金黄色	24.25 mm	1.88 mm	7.8 g	斯堪的纳维亚金
1 欧元	外围黄,内围白	23.25 mm	2.125 mm	7.5 g	外圈黄铜镍合金、外圈三层——铜镍、镍、铜镍
2 欧元	外围白,内围黄	25.75 mm	1.95 mm	8.5 g	外圈铜镍合金、外圈三层——镍、铜镍、镍

三、港元

(一)港元简介

港元或称港币(HONGKONG DOLLAR),是中华人民共和国香港地区的法定流通货币。按照香港基本法和中英联合声明,香港的自治权包括自行发行货币的权力。货币符号为HKD,标志为HK$。

港元的纸币绝大部分是在香港金融管理局监管下由三家发钞银行发行的。三家发钞行包括汇丰银行、渣打银行和中国银行,另有少部分新款十元钞票,由香港金融管理局自行发行。硬币则由金融管理局负责发行。自1983年起,香港建立了港元发行与美元挂钩的联系汇率制度。

发钞行在发行任何数量的港币时，必须按7.80港元兑1美元的兑换汇率向金管局交出美元，记入外汇基金账目，领取负债证明书后才可印钞。这样，外汇基金所持的美元就为港元纸币的稳定提供支持。

值得注意的是，香港所有钞票的式样都有版权。所以，任何人在未得到版权持有人的许可前，都不能任意复制钞票的式样。在香港多年来有几家机构因为未得钞票版权持有银行的批准而在广告上运用，结果被判支付巨额罚款。

虽然港元只在香港有法定地位，在中国大陆和澳门很多地方也接受港元。而且，在澳门的赌场，港元是澳门元以外唯一接受的货币。

钞票面额：10、20、50、100、500、1 000港元。

辅币进位：1元=100分。

管汇情况：本、外币出入境自由。

（二）港元纸币的防伪特征及鉴别

1. 香港上海汇丰银行发行港元

（1）票面特征。

A. 1 000港元。1 000港元纸币的票样如图3-25所示。

图3-25　1 000港元纸币的票样

正面图案：铜狮头像及维多利亚港远景。

背面图案：汇丰银行大厦及门前铜狮像，香港立法局大楼。

版别：1993~1999年。

尺寸：163毫米×81.5毫米。

B. 500港元。500港元纸币的票样如图3-26所示。

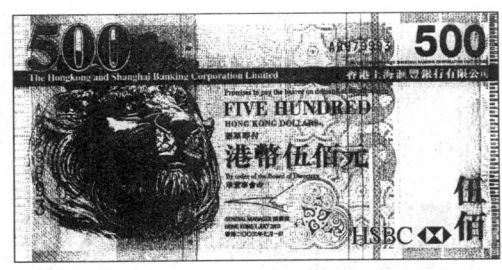

图3-26　500港元纸币的票样

正面图案：立体狮头。

背面图案：香港国际机场鸟瞰图。

版别：2003年。

尺寸：158毫米×79毫米。

C. 100港元。100港元纸币的票样如图3-27所示。

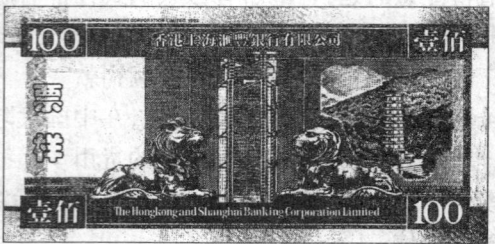

图3-27　100港元纸币的票样

正面图案：铜狮头像及维多利亚港远景。

背面图案：汇丰银行大厦及门前铜狮像,沙田万佛寺。

版别：1993年至今。

尺寸：153毫米×77毫米。

D. 50港元。50港元纸币的票样如图3-28所示。

图3-28　50港元纸币的票样

正面图案：铜狮头像及维多利亚港远景。

背面图案：汇丰银行大厦及门前铜狮像,赛龙舟图。

版别：1993年至今。

尺寸：148毫米×74毫米。

E. 20港元。20港元纸币的票样如图3-29所示。

图3-29　20港元纸币的票样

正面图案：铜狮头像及维多利亚港远景。

背面图案：汇丰银行大厦及门前铜狮像,旧九龙火车站钟楼。

版别：1993年至今。

尺寸：143毫米×71.5毫米。

（2）防伪特征。目前流通的香港上海汇丰银行钞票，是该行自1993年起发行的纸币，面额有20、50、100、500港元和1 000港元。2000年12月，汇丰银行又发行了新版1 000港元钞票，新版钞票保留了1993年版的基本设计，并增加了新的防伪措施。汇丰银行券主要有以下防伪特征：

A. 水印：票面正面右侧有狮头水印图案。2000年版1 000港元在石狮图案上方增加"1 000"字样白水印。

B. 安全线：票面采用了全埋深色安全线，其中，2000年版1 000港元还在票面正面右侧增加了一条全息开窗文字安全线。

C. 雕刻凹版印刷：票面正背面主景、行名、数字等均采用了凹版印刷，用手触摸有明显的凹凸感。

D. 凹印缩微文字：票面正面或背面多处印有凹印缩微文字"THE HONG KONG AND SHANG HAI BANKING CORPORATION LIMITED"字样。

E. 对印图案：票面正面右侧及背面左侧花边均有一圆形局部图案，迎光透视，可见正背面组成了一个完整的图案。

F. 隐形面额数字：在票面正面右下角的长方形图案中印有隐形面额数字。将票面置于与眼睛平行，面对光源，旋转钞票可见该面额钞票的面额数字。

G. 异形号码：票面正面左下和右侧分别印有横竖异形号码。该号码的特点是数字逐渐增大。

H. 无色荧光图案：在紫外光灯下，可以看到票面正面有明亮的荧光图案。

I. 无色荧光纤维：2000年版1 000港元在纸张中增加了红、蓝、绿三色荧光纤维，在紫外光灯下清晰可见。

2. 香港渣打银行发行的港元

（1）票面特征。目前流通的香港渣打银行钞票，是该行自1993年1月起发行的纸币。面额有10、20、50、100、500港元和1 000港元。2001年1月，渣打银行又发行了新版1 000港元钞票，新版钞票保留了1993年版的基本设计，并增加新的防伪措施。

A. 1 000港元。1 000港元纸币的票样如图3-30所示。

图3-30 1 000港元纸币的票样

正面图案：飞龙。

背面图案：渣打银行大厦，洋紫荆花。

版别：1993~1999年。

尺寸：163毫米×81.5毫米。

B. 500港元。500港元纸币的票样如图3-31所示。

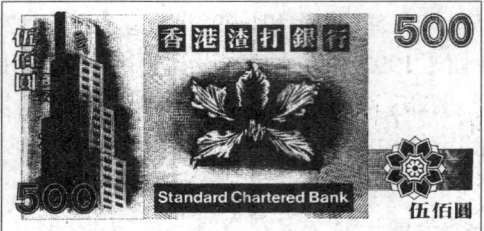

图3-31　500港元纸币的票样

正面图案：凤凰。

背面图案：渣打银行大厦，洋紫荆花。

版别：1993年。

尺寸：158毫米×79毫米。

C. 100港元。100港元纸币的票样如图3-32所示。

正面图案：麒麟。

背面图案：渣打银行大厦，洋紫荆花。

版别：1993年。

尺寸：153毫米×76.5毫米。

D. 50港元。50港元纸币的票样如图3-33所示。

图3-32　100港元纸币的票样　　图3-33　50港元纸币的票样

正面图案：北狮。

背面图案：渣打银行大厦，洋紫荆花。

版别：1993年。

尺寸：148毫米×74毫米。

E. 20港元。20港元纸币的票样如图3-34所示。

正面图案：神龟。

背面图案：渣打银行大厦，洋紫荆花。

版别：1993年。

尺寸：145毫米×70毫米。

图3-34　20港元纸币的票样

（2）防伪特征。渣打银行券主要有以下防伪特征：

A. 水印：票面正面右侧有古罗马军人头像水印及字母"SCB"白水印。2001年版1 000港元的白水印由"SCB"改为"1 000"。

B. 安全线：票面采用了全埋深色安全线，其中，2001年版1 000港元还在票面正面右侧增加了一条全息开窗文字安全线。

C. 雕刻凹版印刷：票面正背面主景、行名、数字等均采用了凹版印刷，用手触摸有明显的凹凸感。

D. 凹印缩微文字：票面正面左侧边框外印有凹印缩微文字"STANDARD CHARTERED BANK"字样。

E. 对印图案：票面正面右侧及背面左侧均有一圆形局部图案，迎光透视，可见正背面图案组成了一个完整的圆形图案。

F. 无色荧光图案：在紫外光灯下，票面正面会出现明亮的荧光图案。

G. 有色荧光图案：在紫外光灯下，背面局部图案会出现明显的荧光反应。

H. 无色荧光纤维：2001年版1 000港元在纸张中增加了红、蓝、绿三色荧光纤维，在紫外光灯下清晰可见。

3. 中国银行发行的港元

（1）票面特征。中国银行于1994年开始发行港元纸币，面额有20、50、100、500港元和1 000港元，年版日期为1994年5月1日。1996年8月，中国银行又推出1996年版纸币，年版日期是1996年1月1日。为提高防伪性能，1996年版中国银行券20、50、100、500港元和1 000港元五种面额纸币的正面下部含隐形文字的花边图案有所改动。

A. 1 000港元。1 000港元纸币的票样如图3-35所示。

正面图案：中银大厦。

背面图案：香港会议展览中心新翼。

主色调：金黄色。

版别：2003年。

尺寸：163毫米×82毫米。

B. 500港元。500港元纸币的票样如图3-36所示。

正面图案：中银大厦。

背面图案：香港葵涌货柜码头。

主色调：棕色。

版别：1994年至今。

图3-35 1 000港元纸币的票样

图3-36 500港元纸币的票样

尺寸：159毫米×79毫米。

C. 100港元。100港元纸币的票样如图3-37所示。

图3-37　100港元纸币的票样

正面图案：中银大厦，荷花。

背面图案：九龙半岛南端的尖沙咀风貌。

主色调：红色。

版别：1994年。

尺寸：153毫米×76.5毫米。

D. 50港元。50港元纸币的票样如图3-38所示。

图3-38　50港元纸币的票样

正面图案：中银大厦，菊花。

背面图案：香港海底隧道。

主色调：紫色。

版别：1994年。

尺寸：148毫米×74毫米。

E. 20港元。20港元纸币的票样如图3-39所示。

图3-39　20港元纸币的票样

正面图案：中银大厦，水仙花。

背面图案：香港中区和湾仔商业楼群。

主色调：天蓝色。

版别：1994年。

尺寸：143毫米×71.5毫米。

（2）防伪特征。中国银行券主要有以下防伪特征：

A. 水印：票面正面右侧有石狮水印图案。2001年1 000港元在石狮图案上方增加"1 000"字样白水印。

B. 安全线：票面采用了全埋深色安全线。其中，2001年版1 000港元还在票面正面右侧增加了一条全息开窗文字安全线。

C. 雕刻凹版印刷：票面正背面主景、行名、数字等均采用了凹版印刷，用手触摸有明显的凹凸感。

D. 凹印缩微文字：票面正背面边框上方印有凹印缩微文字"BANK OF CHINA"字样。

E. 对印图案：票面正面右侧及背面左侧花边均有"中"字图案，迎光透视，可见正背面色块组成了一个"中"字。

F. 隐形面额数字：在票面正面右下角的边框中印有隐形面额数字。将票面置于与眼睛平行，面对光源，旋转钞票可见该面额钞票的面额数字。

G. 无色荧光图案：在紫外光灯下，可见票面正面有明亮的荧光图案。

H. 无色荧光纤维：2001年版1 000港元在纸张中增加了红、蓝、绿三色荧光纤维，在紫外光灯下清晰可见。

4. 香港特区政府发行的10港元

香港特区政府发行的10港元是全世界最难伪造的七张钞票之一。其票样如图3-40所示。比如，凸起的油墨，在这张票样中看到的书写字体，使得这种钞票具有独特的质地；另外，印在钞票两面的一匹骏马图像完美地排列着。只用粗糙的自制设备，很难伪造出具有上述两种防伪技术的钞票。

图3-40　香港特区政府发行的10港元票样

正面图案：由彩色条组成的五彩斑斓的几何图形。

背面图案：五彩几何图案和红黄色渐变飘带。

版别：2002年。

尺寸：133.5毫米×66毫米。

（三）香港硬币

1. 香港硬币的票面特征

香港硬币由政府发行。1992年以前发行的硬币均铸有英女皇头像。1993年推出洋紫荆设计硬币，以取代原来的英女皇头像设计系列。首先面世的洋紫荆设计硬币是1993年1月发行的2元和5元硬币；其后是1993年10月发行的2角和5角和1元，以及1994年11月发行的10元硬币；最迟面世的洋紫荆设计硬币是1994年11月发行的10元硬币。1993年起，政府逐渐收回旧硬币，以背面为香港市花洋紫荆的新硬币代替。1997年香港主权移交之前，市面流通硬币上铸有英女皇头像，曾一度成为收藏对象。但英女皇头像硬币仍为合法货币，与新硬币同时流通。香港硬币目前流通的有1、2、5毫和1元、2元、5元、10元。1993年发行的各面值硬币正面均铸有紫荆花图案（过去是英国各朝代的君主肖像），以及中文"香港"和英文"HONGKONG"字样，背面是面值和年号。香港硬币式样如表3-6所示。

表3-6 香港硬币式样

面 值($)	材 质	形 状	直 径(mm)	重 量(g)
1毫(0.10)	黄铜包钢	圆形	17.5	1.85
2毫(0.20)	镍黄铜	波浪形边缘	19.0	2.59
5毫(0.50)	镍黄铜	圆形	22.5	4.92
1元(1.00)	钢芯镀镍	圆形	22.5	7.01
2元(2.00)	镍包钢	波浪形边缘	28.0	9.41
5元(5.00)	镍包钢	圆形，边缘上刻有汉字[香港伍圆]	28.0	13.51
10元(10.00)	铜镍合金环镍黄铜	黄铜合金圆心、圆形	24.0	11.00

香港硬币样币如图3-41所示。

图3-41 香港硬币样币

2. 香港硬币的防伪特征

香港流通硬币正面均采用统一的洋紫荆设计,并附有中、英文"香港"字样;硬币背面分别以中、英文及位于正中的大阿拉伯数字铸明该币面值,数字下面为发行年份。香港硬币的主要防伪特征如下:

(1)1角硬币的边缘平滑。

(2)2角及2元硬币的边缘呈波浪形。

(3)5角及1元硬币的边缘刻有简单的细密槽纹。

(4)5元硬币边缘两侧铸有细密槽纹,中间凹槽铸有中、英文"香港伍圆"凸字。

(5)10元硬币由两种金属制造:白镍合金外环及黄铜圆心。正面铸有统一的洋紫荆浮雕图案,凹凸分明,精巧细致。外环及圆心之间的接口整齐均匀。10元硬币边缘以细密槽纹与平滑部分相间。

只要细心检查,绝大部分伪冒的10元硬币均可被轻易认出。检查时应特别注意:① 两种金属的颜色及光泽:部分伪币的白镍合金外环略呈黄色。② 金属之间的接口:真币接合非常紧密顺滑,环绕接合位的扭绳花纹细致均匀。伪币的接口通常较粗劣,扭绳花纹不够分明。③ 字样:真币不论中、英文字样都清楚明确,字型方正平稳。伪币字型大多扁平而不规则。

四、日元

(一)日元简介

日圆(円)又作日元(JAPANESE YEN),其纸币称为日本银行券,是日本的官方货币,于1871年制定。发行机构是日本银行(NIPPON GINKO),货币符号是"JPY"。

日本的纸币曾经有政府券和银行券两种。银行券是在1868年明治初期由几家政府银行发行的。1882年日本银行成立后,货币发行权统一集中在该行。

日元的印制水平较高,特别在造纸方面,采用日本特有的物产三桠皮纤维为原料,纸张坚韧有特殊光泽,为浅黄色,面额越大颜色越深。

日本是第二次世界大战后经济发展最快的国家之一,目前拥有世界最大的进出口贸易顺差及外汇储备,日元也是战后升值最快的货币之一,因此,日元在外汇交易中的地位变得越来越重要。

日元是世界上少有的几个没有辅币的货币之一。现行流通的日元是1993年版的1 000、5 000、10 000日元和2000年版2 000日元4种纸币,铸币有1、5、10、50、100元和500日元。为了应对造假现象,日本政府和中央银行在2004年发行了面额为1 000、5 000、10 000日元的3种新版纸币。

(二)日元纸币的防伪特征及鉴别

1. 日元纸币的票面特征

现行流通的日元钞票是从1984年发行的,迄今已通用20年,为提高纸币的防伪功能,由日本银行发行新版钞票,新钞于2004年11月开始流通,面额有1 000、5 000日元和10 000日元。5 000元券正面印有日本女作家肖像,这还是"日本银行券"上首次选用女性作为钞票上的主要图像。

日本银行于1984年以来发行的各版钞票,面额有1 000、2 000、5 000日元和10 000日元券,仍继续流通使用。

　　2004年版新钞正面左侧是"日本银行券",大写面额数字"XX"和"日本银行"字样,右侧是人物肖像。中间水印图案与人物肖像相同。背面则有拉丁文拼音的行名"NIPPON GINKO"(日本银行)及货币单位名称"YEN"(元)字样。背面左侧有山、花、鸟等图案。各种面额钞票均无发行日期。

　　发行单位负责人是使用印章的形式,即正背面印有"总裁之印"及"发券局长"图章各一个。新钞也采用了类似面额2 000日元采用的触摸点(盲人标记),触摸点的位置是在钞票正面左下角和右下角。下面介绍日本目前流通的4种钞票的票面特征。

　　(1) 10 000日元。10 000日元纸币的票样如图3-42所示。

图3-42　10 000日元纸币的票样

　　正面图案:福泽谕吉头像,日本著名作家、教育家。

　　反面图案:雌雄双雉。

　　版别:1984年(黑色序列号)、1993年(棕色序列号)。

　　水印:福泽谕吉头像。

　　尺寸:160毫米×76毫米。

　　(2) 5 000日元。5 000日元纸币的票样如图3-43所示。

图3-43　5 000日元纸币的票样

　　正面图案:新渡户稻造头像,日本明治、大正时代的教育家、学者。

　　反面图案:富士山。

　　版别:1984年(黑色序列号)、1993年(棕色序列号)。

水印：新渡户稻造头像。

尺寸：155毫米×76毫米。

（3）2 000日元。2 000日元纸币的票样如图3-44所示。

图3-44　2 000日元纸币的票样

正面图案：神社鸟居。

背面图案：古诗人诗稿、绘画。

版别：2000年（黑色序列号）。

尺寸：154毫米×76毫米。

水印：神社鸟居。

（4）1 000日元。1 000日元纸币的票样如图3-45所示。

图3-45　1 000日元纸币的票样

正面图案：夏目漱石头像，小说家。

背面图案：雌雄双鹤。

版别：1984年（黑色序列号）、1990年（蓝色序列号）、1993年（棕色序列号）、1993年（暗绿色序列号）。

水印：夏目漱石头像。

尺寸：150毫米×76毫米。

2. 日元纸币的防伪特征

（1）专用纸张：日元纸张含有日本特有的三桠皮纤维，制成的钞纸呈淡黄色，纸张有非常高的韧性和挺度。

（2）水印：日元的水印图案与正面主景图案相同，由于采用了特殊工艺，故水印清晰度非常高。

（3）雕刻凹版印刷：日元从草图设计、镌刻直至制版均以传统的手工方式完成。个性鲜明，风格独具。日元正背主景、行名、面额数字等均采用雕刻凹版印刷，正面凹印的人像套印在浅色底纹线上，人像清楚自然。以细线刻制的人像，眉毛、眼珠处每毫米有11条细线。图案线条精细、层次丰富，用手触摸有明显的凹凸感。

（4）凹印缩微文字：日元正背面多处印有"NIPPON GINKO"字样的缩微文字。

（5）盲文标记：日元的盲文标记由圆圈组成，圆圈的右侧还有月牙形阴影，以凹进的圆圈为主体，中间凸起的点，右边的凸起的弧，用手触摸有明显的凸起，透光观察也是清晰可见。这样的标记在1 000元上有一个，5 000元上竖排两个，10 000元上横排两个，不仅手感分明，迎光透视也清晰如水印。

（6）磁性油墨：日元正背面凹印部位的油墨是带有磁性的，可用磁性检测仪检测出磁信号。

（7）防复印油墨：日元采用了防复印油墨印刷图案，当用彩色复印机复印时，复印出来的颜色与原券颜色明显不同。

（8）光变油墨面额数字：2 000日元正面右上角的面额数字是用光变油墨印刷的，在与票面垂直角度观察时呈蓝色，倾斜一定角度则变为紫色。

（9）隐形面额数字：2 000日元正面左下角有一装饰图案，将票面置于与眼睛接近平行的位置，面对光源，作45度或90度旋转，可看到面额数字"2 000"字样。

（10）珠光油墨：2 000日元正面左右两侧分别采用珠光油墨各印刷了一条条带，转换钞票角度可看到的颜色变化。

（11）隐形字母：2 000日元背面右上角的绿色底纹处印有隐形字母，垂直角度下无法看到，将票面倾斜一定角度即可看到"NIPPON"字样，且前3个字母呈蓝绿色，后3个字母呈黄色。

3. 日元纸币的鉴别

日元纸币的鉴别同样采用"一看、二摸、三听、四测"的方法。

（1）一看。一是看钞票的颜色、图案、花纹及印刷效果。日元真钞正背面主景线条精细、层次丰富、立体感强，明亮处和阴影部分过渡自然。二是看日元纸张颜色。日元纸张工艺独特，呈淡黄色。三是看水印和盲文标记。迎光透视，日元水印非常清晰，图案层次丰富，有较强的立体感。同时，也可以清晰看到盲文标记。四是看光变面额数字和隐形图案。变换2 000日元票面，观察正面右上角的面额数字是否由蓝色变为紫色，正面左下角的装饰图案中是否有隐形面额数字"2 000"字样及背面右上角绿色底纹处是否有隐形字母"NIPPON"字样。

（2）二摸。一是摸纸张：日元纸张韧、挺，摸起来不滑、密实、挺括。二是摸凹印图案和盲文标记：有明显的凹凸感。

（3）三耳听。用手抖动纸币，真钞会发出清脆的声响。

（4）四测。用紫外光灯、放大镜和磁性检测仪等工具检测日元的专业防伪特征。在紫外光灯下，日元纸张无荧光反应，同时可以看到2 000日元正背面的印章有明亮的荧光反应。日元正背面均印有缩微文字，用放大镜观察，真币上的缩微文字线条饱满且清晰。用磁性检测仪检测日元正背面凹印图案是否有磁性反应。

（三）日元硬币

1. 日元硬币的历史

早在和铜元年（公元708年），日本仿照我国唐代"开元通宝"钱铸造"和铜开珍"。继而在太平宝字四年（公元760年）又铸造"万年通宝"，直到天德二年（公元958年）铸造的"乾元大宝"为止，日本朝廷总计发行了12种铜钱，称皇朝十二钱。

在镰仓时代（公元1192年至1333年），日本朝廷基本停止铸造货币，所用货币从中国进口，主要是宋代钱币。室町时代流通的货币，除宋钱外还有明钱，如"洪武通宝"、"永乐通宝"等。除了流通中国的官钱以外，还有日本造的私铸钱和仿造钱。到了江户时代，德川家康制定了新的货币制度，铸造了定位、定量的计数金币大判、小判、一分金和称量银币的丁银、豆板银五种货币。在宽永五年（公元1708年）又铸造了铜币"宽永通宝"，这时国家铸造的货币基本遍及全国，1695年中国的货币在日本停止使用，全国统一使用金银铜三种货币，货币统一基本完成。

明治维新前，日本基本采用我国外圆内方形制的铜钱，少量为椭圆形。明治元年（1868年），创立货币局。明治四年，政府制定新货币条例，把"两"改为"元"，推行十进位制。主币1日元（Yen）等于100钱（Sen）。并发行金币1、2、5、10、20日元五种，银辅币5、10、20、50钱四种，铜币1厘、半钱、1钱、2钱四种。此外，为贸易方便，还发行了1元银币（贸易银）。以后发行的货币均以"元"作为货币单位。币面国名为"大日本"，均用天皇年号纪年，如明治、大正、昭和、平成。

第二次世界大战后，币面由"大日本"改为"日本国"。1966年以后流通的硬币不再使用银质铸造，改为铜镍质。目前流通的硬币有1、5、10、50、100日元和500日元六种，其中 500日元硬币包括新、旧版两种。2000年发行的新版500日元硬币，利用凹凸图文与光的折射原理，在正面刻制了隐形数字和图形，防伪效果很好。

所有的硬币都是由大藏省的附属部门、大阪的造币局发行。现在流通的硬币，法律上没有明文规定正反，为了方便，一般把有年号的一面当作正面。

2. 日元硬币的特征

（1）500日元。1982年，日本新发行了500日元的白铜硬币。在此之前，日本银行发行的是500日元的纸币。500日元硬币的直径为26.5 mm，重7.20 g，材料为白铜，即含铜75％、含镍25％的合金。500日元硬币的流通量超过60％，随着自动售货机的飞速普及，希望发行更高额硬币，500日元硬币的发行也就在情理之中。500日元白铜硬币的正面绘有梧桐花和叶子，500日元硬币的背面，上、下绘有竹子，左右绘有柑桔的叶子和果实。500日元硬币的侧面刻有"NIPPON 500"的美术字样，与这些美术字样相对，上面既可以是正面，也可以是反面。500日元的白铜硬币样币如图3-46所示。

(a)   (b)

图3-46　500日元的白铜硬币样币

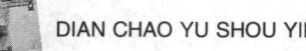

图3-47　50日元硬币样币

正面：国名、丁香花。

背面：面额、年号。

材质：铜镍合金。

（2）100日元。

正面：国名、樱花。

背面：面额、年号。

材质：铜镍合金。

（3）50日元。50日元硬币样币如图3-47所示。

正面：国名、菊花。

背面：面额、年号。

材质：铜镍合金。

图3-48　10日元硬币样币

（4）10日元。10日元硬币样币如图3-48所示。

正面：国名、京都平等院凤凰堂。

背面：面额、年号。

材质：青铜。

（5）5日元。日语里面"五元"（五円）和"缘"（ご縁）谐音（都是ごえん），所以5日元硬币是赠送亲人、朋友、恋人的好礼品，虽然所花的钱并不多，但却具有很好的含义。5日元硬币样币如图3-49所示。

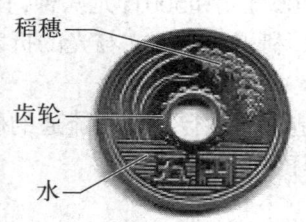
稻穗
齿轮
水

双叶
发行年

图3-49　5日元硬币样币

正面：国名、年号。

背面：稻穗、齿轮、面额。

材质：黄铜。

（6）1日元。1955年日本发行了1日元铝硬币，取代了先前的1日元黄铜硬币。1日元铝硬币是发行至今最小的货币单位，其直径为20.00 mm，重量为1.00 g。材料是100%铝，最大特点是分量轻。虽然铝比水重，但由于表面张力的作用，轻轻地放在水面上不会下沉。1日元铝硬币的图案是棵小树。1日元铝硬币样币如图3-50所示。

发行年

小树

图3-50　1日元铝硬币样币

正面：国名、若木。
背面：面额、年号。
材质：铝。

五、英镑

(一)英镑简介

英镑(POUND、STERLING,简写£)是英国的本位货币单位,国际标准化组织制定的货币符号为"GBP"。英镑的代表符号"£"源于拉丁名词"Libra Poundo",是其首字母"L"上加一根线组成的。由成立于1694年的英格兰银行(BANK OF ENGLAND)发行。辅币单位原为先令(Shiling)和便士(Penny),1英镑=20先令,1先令=12便士,1971年2月15日,英格兰银行实行新的货币进位制,辅币单位改为新便士(New Penny),1英镑=100新便士。英国本、外币出入境自由。

1928年前,英格兰银行发行的是正面黑色印刷、背面空白的钞票。面额有5、10、20、50、100、200、500英镑及1 000英镑。自1928年开始发行新序列彩色钞票。

A序列和B序列分别于1928年和1957年开始发行。

C序列自1960年开始发行。有绿色1英镑券,淡红色10先令券。1964年又发行蓝色5英镑和棕色10英镑券,该两种券正面均印有英国女皇伊丽莎白二世肖像,这是英格兰银行首次在钞票上使用君主肖像。5英镑券背面是新的女神像,10英镑券背面是狮子和钥匙图。

D序列发行于1970年至1981年间。钞票上有两个肖像,正面为英女皇肖像,背面每种面额各有不同的著名历史人物肖像。

E序列是目前流通的纸币,有5、10、20、50英镑,铸币有0.5、1、2、1、10、20、50便士和1英镑。1990年6月7日开始发行。以后又有改版,但设计格调不变。

目前,流通中的纸币有5、10、20英镑和50英镑的面额,另有1、2、5、10、20、50新便士及1英镑的铸币。

(二)英镑纸币

1.英镑票面特征

现在流通的英镑纸币正面是女王头像,背面是英国著名的历史人物,正面左下方还有帮助视障人士识别面额的几何图案色标,正背面均印有版权标志。

(1)50英镑。50英镑纸币的票样如图3-51所示。

图3-51 50英镑纸币的票样

正面图案:英女王伊丽莎白二世。

背面图案：约翰·霍布伦——英格兰银行首任总裁。

版别：1994年。

尺寸：156毫米×85毫米。

色调：红色。

（2）20英镑。20英镑纸币的票样如图3-52所示。

图3-52　20英镑纸币的票样

正面图案：英女王伊丽莎白二世。

背面图案：爱德华·爱尔加爵士——作曲家。

版别：1999年。

尺寸：149毫米×80毫米。

色调：紫罗兰。

（3）10英镑。10英镑纸币的票样如图3-53所示。

图3-53　10英镑纸币的票样

正面图案：英女王伊丽莎白二世。

背面图案：查尔斯·达尔文——生物学家。

版别：2000年。

尺寸：142毫米×75毫米。

色调：褐色。

（4）5英镑。5英镑纸币的票样如图3-54所示。

正面图案：英女王伊丽莎白二世。

反面图案：乔治·斯蒂文森。

版别：1990年、1991年。

规格：135毫米×70毫米。

图3-54 5英镑纸币的票样

色调：绿松石。

2. 英镑纸币的防伪特征

英国纸币是由成立于1694年的英格兰银行发行的，至今已有300多年的历史。该行当时是经营商业银行业务的大银行，自1928年起享有货币发行权。1946年2月14日通过的英格兰银行法规定英格兰银行国有化，明确该行是英国的中央银行。

在第二次世界大战期间流通的纸币有10先令和1、5、10、20、50、100、200、500、1 000英镑等10种面额。这些钞票均印有大不列颠女神像（手持长矛的女人神像），其中5英镑以上的面额券均用带有全版水印的纸张印制，正面为黑色油墨印制，背面空白，无金属线。这类钞票曾被希特勒法西斯政府大量伪造，假钞很多。第二次世界大战结束后，除了继续沿用原纸币外，又发行了新的5英镑券，这些钞票早已停止流通。

早期的英镑E系列钞票改变了过去颜色单一的弱点，增加了多种清淡而优雅的色彩。纸张内有英女王水印，钞票正面主要图案采用雕刻凹版印刷，使用了红外油墨，并采用了隔色、接线等先进技术。连号的大小及颜色采用了渐变印刷。为了防止彩色复印机复制假钞，还使用了细密同心圆图案。

英镑的防伪特征主要有：

（1）纸张成分是棉和亚麻，钞纸洁白挺括，手摸不滑、不光，扯动声脆。

（2）钞纸中有固定位置水印和条状水印。水印的女王头像立体感强。

（3）开窗式银色金属安全线，1990~1994年版纸币安全线开窗在正面；1999年以后版纸币开窗在背面。

（4）钞票印制精美、线条清晰、色彩纯正。使用隔色、彩虹印刷技术，色彩变化过渡自然。

（5）正面女王头像、字母、数字以凹版印刷；女王头像是手工雕版，形象生动。"BANK OF ENGLAND"几个字是深凹版印制，手摸有明显的浮雕效果。

（6）缩微文字印制的钞票面额字母和数字，有防复印背景图案设计，清晰、完整、排列整齐。

（7）横钞票序列号数字由小变大，彩虹印刷，色彩渐变。

（8）钞票采用花纹对接技术，钞票折叠后，其边角的花纹可以完全结合形成完整图案。

（9）采用红外光油墨，部分图案在红外光下不可见。

（10）50英镑纸币的女王头像右边有银色的热压金属箔，图案为玫瑰花和盾牌，盾牌上还有凹印的女王徽号"EIIR"。

1999年后发行的纸币又加入了两种易于识别的防伪特征：① 激光全息图膜。钞票正面左侧贴有全息图，在不同角度可以看到不列颠女神（Britannia）图像或钞票面额数字，全息图中还

印有缩微文字。② 荧光面额数字。钞票正面全息图下方,在紫外光灯下可见明亮的红、绿两色面额数字。

英镑是欧洲印制成本最低的纸币,但英镑的防伪措施更新较快,银行收兑人要及时掌握新增防伪特征。

（三）英镑的真伪鉴别

采用"一看、二摸、三听、四测"的方法。

（1）一看。一看纸张:真钞纸张洁白,背面略比正面发涩,手感坚韧。假钞纸张一般发软易折断。二看"开窗"安全线:真钞从背面透光仰视,安全线是一条暗灰色线,从正面平视,安全线是一条银白色发亮的虚线。假钞是印在钞纸的一面。三是看水印。迎光透视,水印非常清晰,图案层次分明、立体感强,假钞多数没有水印,有的只是在纸表面的假水印。四看缩微文字。英镑纸币有多处缩微文字,在放大镜下观察,真钞上的缩微文字线条饱满且清晰。

（2）二摸。一是摸纸张:英镑纸张韧、挺,摸起来不滑、结实。二是摸凹印图案有无突起感。凹印的女王像和背面人像是否叠印在胶印的浅色底纹线上,底纹线条是否清楚,有无中断,颜色是否与真钞一致。三是摸右侧铝箔热压的EIIR激光全息标记和一枝玫瑰花是否有明显的凹凸感。

（3）三听。用力抖动纸张,真钞会发出清脆的声响。

（4）四测。用紫外灯和放大镜等仪器检测纸币的专业防伪特征。

复习思考题

一、单项选择题

1、美元各面额纸币正、背面主景图案分别采用(　　　)。

    A. 不同人物头像、同一建筑物　　　　　B. 一个人物头像、不同建筑物

    C. 不同人物头像、不同建筑物　　　　　D. 同一人物头像、同一建筑物

2、美元纸张中含有(　　　)色和(　　　)色纤维。

    A. 红、绿　　　　　　B. 红、蓝　　　　　　C. 蓝、黄　　　　　　D. 红、黑

3. 1996年版100美元采用了光变面额数字,其颜色变化为(　　　)。

    A. 金变绿　　　　　　B. 绿变黑　　　　　　C. 绿变蓝　　　　　　D. 绿变红

4. 美元从1990年版开始,在纸币中都增加了(　　　)防伪特征。

    A. 光变油墨面额数字　　　　　　　　　B. 白水印和凹印缩微文字

    C. 文字安全线和凹印缩微文字　　　　　D. 文字安全线和白水印

5. 美元曾经发行过的最大面值的钞券为(　　　)美元。

    A. 5 000　　　　　　B. 10 000　　　　　　C. 100 000　　　　　　D. 50 000

6. 从(　　　)年版的钞票开始,美元纸币中都增加了固定人像水印。

    A. 1986　　　　　　B. 1990　　　　　　C. 1996　　　　　　D. 2001

7. 从(　　　)年版的钞票开始,美元纸币中都增加了文字安全线和缩微文字。

A. 1986　　　　　B. 1990　　　　　C. 1996　　　　　D. 2002

8. 欧元纸币水印图案由(　　)和(　　)组成。

A. 门窗图案、拱门图案　　　　　　B. 门窗图案、面额数字

C. 门窗图案、欧元符号　　　　　　D. 欧元符号、拱门图案

9. 欧元纸币的全息标识在票面(　　)。

A. 正面左下角　　B. 正面右下角　　C. 背面右下角　　D. 正面右上角

10. 欧元现钞是(　　)发行的。

A. 2002年1月1日　　　　　　　　B. 2000年1月1日

C. 2002年5月1日　　　　　　　　D. 2002年10月1日

11. 在紫外光灯下,欧元纸币正面欧盟旗帜和欧洲中央银行行长签名变为(　　)色,欧盟旗帜上的星变为(　　)色。

A. 红、紫　　　　　B. 黄、蓝　　　　　C. 绿、橙　　　　　D. 黄、橙

12. 欧元纸币采用的全埋式缩微文字安全线,是黑色的,透光观察,还可以看到上面有(　　)。

A. "EURO"字样和面额数字　　　　B. "E"字样和面额数字

C. 面额数字　　　　　　　　　　　D. 缩微文字

13. 欧元是由(　　)中央银行的(　　)设计的。

A. 奥地利、罗伯特·卡林纳　　　　B. 德国、杜伊森·贝赫

C. 丹麦、安德烈·威尔　　　　　　D. 英国 、罗伯特·卡林纳

14. 中国银行发行的2001年版1 000港元纸币中新增了一条(　　)安全线。

A. 磁性全息文字　　B. 全息开窗文字　　C. 荧光　　　　D. 磁性缩微文字

15. 目前(　　)银行港元发行量占港元总发钞比例最大。

A. 中国　　　　　B. 香港上海汇丰　　C. 香港渣打　　　　D. 英国中央

16. 汇丰银行发行的1993年版港元纸币水印图案是(　　)。

A. 狮头　　　　　B. 罗马军人头像　　C. 总督府大楼　　　　D. 金龙

17. 渣打银行发行的港元纸币"胶印对印图案"是(　　)。

A. 花边图案　　　B. "中"字图案　　C. 圆形图案　　　D. 正方形图案

18. 日元纸币正面右上角的面额数字是采用光变油墨印制的,垂直观察为(　　)色,倾斜一定角度变为(　　)色。

A. 蓝、紫　　　　　B. 蓝、绿　　　　　C. 蓝、金　　　　　D. 蓝、红

19. 日元纸币采用了(　　)油墨印刷图案,当用彩色复印机复印时,用这种油墨印刷的图案会发生颜色变化,使复印出来的色调与原来的色调完全不同。

A. 有色荧光　　　B. 防复印　　　　　C. 红外光　　　　　D. 日光

20. 日本在2000年7月19日发行了(　　)日元面额的新版日元。

A. 2 000　　　　　B. 5 000　　　　　C. 10 000　　　　　D. 1 000

21. 日元纸张呈浅黄色,并含特有的(　　)纤维。

A. 蚕丝　　　　　B. 剑麻　　　　　C. 三桠皮　　　　　D. 棉花

22. 日元各面额纸币(　　)设安全线防伪特征。

A. 中偏左　　　　B. 中偏右　　　　C. 未　　　　　D. 中偏上

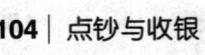
二、多项选择题

1.（   ）欧元面额纸币背面采用了珠光油墨技术。
   A. 5　　　　　　B. 10　　　　　　C. 20　　　　　　D. 50

2.（   ）欧元面额纸币采用了光变油墨技术。
   A. 20　　　　　B. 50　　　　　　C. 100　　　　　D. 200

3.（   ）欧元面额纸币采用了凹印盲文标记。
   A. 20　　　　　B. 50　　　　　　C. 500　　　　　D. 200

4. 欧元纸张中采用了无色荧光纤维,在紫外光下显现(   )色。
   A. 红　　　　　B. 紫　　　　　　C. 黄　　　　　　D. 绿

三、判断题(正确的打"√",错误的打"×")

1. 1996年版美元的安全线还是荧光安全线,在紫外光下呈现出不同的颜色,100、50、20、10、5美元安全线分别为绿、黄、红、棕和蓝色。(   )

2. 1990年版50美元和20美元纸币安全线的文字分别是"USA50"和"USA20"。(   )

3. 1996年版100、50、20、10美元正面左下角面额数字是用光变油墨印刷的,在与票面垂直角度观察时呈金色,将钞票倾斜一定角度则变为黑色。(   )

4. 欧元纸币均采用了单水印。(   )

5. 欧元各面额纸币均采用了全息贴膜技术。(   )

6. 欧元各种面额的纸币均采用了光变油墨面额数字。(   )

7. 触摸欧元纸币水印部位,会感到有厚薄变化。(   )

8. 欧元各面额的纸币票幅规格都是一致的。(   )

9. 日元采用了防复印油墨印刷图案。(   )

10. 迎光透视可清晰地看到日元纸币的盲文标记。(   )

11. 欧元是世界上少有的几个没有辅币的货币之一。(   )

四、简答题

1. 2006年3月2日发行的新版10美元在哪些地方采用了显微印刷技术?

2. 目前流通的日元纸币有哪几种?

3. 欧元纸币正面及背面主景图案的象征意义是什么?

第四章

收　银

学习要点　　　本章主要介绍了收银员作业守则与岗位职责、收银员职业道德规范、收银员日常操作流程、收银员的礼仪规范、操作收银机以及收银员应知应会知识与技能等内容。要求掌握收银员的职业道德规范、礼仪服务规范及收银机操作方法等内容。

第一节　收银员总论

一、收银员的工作内容与特点

（一）收银员的定义

收银员是指在商业零售企业从事面向顾客收取现金（含现钞、支票、各种金融支付卡等）的工作人员。收银员的主要任务是在百货商场、超级市场、购物中心、卖场等商业零售行业从事收银工作。

（二）收银员的工作内容

（1）收银设备的日常管理与调试。

（2）提供顾客消费后的直接结账、收款和兑换货币服务。

（3）负责现金和转账结算用的凭证、单据、印章的保管与安全保障。

（4）备用金及办公用品的领取与管理。

（5）负责现金、支票等营业资金的收取与上缴。

（6）收款凭证和各种表单的装订与上缴。

（三）收银工作的特点

（1）专业性。收银工作有着专门的操作技术和工作要求，专业性很强。

（2）责任性。收银台每天收取大量的货币资金，而这些资金既关系着企业的经济利益，又关系到顾客的切身利益，因此，收银员应有高度的责任心。

（3）熟练性。由于商场、超市的客流量较大，为了减少顾客交款等待的时间，收银员必须操

作熟练,提高工作效率。

（4）服务性。收银工作是一项服务性工作,收银员的态度直接影响到企业的经济效益。收银员应树立服务观念,增强服务意识。

（5）规范性。收银工作的各个环节必须按照一定的流程进行,执行一定的工作标准,才能保证收银工作的服务质量。

二、收银员作业守则与岗位职责

（一）收银员作业守则

（1）收银员在营业时身上不可带有现金,以免引起不必要的误解和可能产生的公款私挪的现象。

（2）收银员在进行收银作业时,不可擅离收银台,经收银主管批准后,方可离开收银台,以免造成钱币损失或引起等候结算的顾客的不满与抱怨。

（3）收银员不可为自己的亲朋好友结算收款,以免造成不必要的误会,或可能产生的收银员利用收银职务的方便图以私利,或可能产生的内外勾结的"偷窃"。

（4）收银台上除茶杯外,收银员不可放置其他任何的私人物品。因为收银台上随时放有顾客退货的商品或临时决定不购买的商品,如有私人物品也放在收银台上,容易与这些商品混淆,造成他人误会。

（5）收银员不可任意打开收银机抽屉查看数字和清点现金,因为随意打开收银机会引人注目,可能造成不安全因素,也会使人产生对收银员营私舞弊的怀疑。

（6）不启用的收银通道必须用链条拦住,避免顾客可能不结账就将商品带出。

（7）收银员在营业期间不可看报与谈笑,要随时注意收银台前和视线所见的卖场内的情况,以防止和避免不利于企业的现象发生。

（8）收银员要熟悉商品的位置、变价商品和特价商品,以及有关的经营状况,以便顾客提问时随时作出解答。

（9）不准在岗上会客,与熟人闲聊。

（10）收银机应定期检修。

（二）收银员岗位职责

（1）落实本店的收银工作计划,按时参加本店例会。

（2）切实保证公司的各项规章制度在收银区域内得到贯彻落实,严格遵守"收银作业规范"。

（3）保持工作区域环境卫生,做好收银机、计算器等的清洁保养工作。

（4）做好交接班和班前准备工作（包括足够的备用金找零）。

（5）唱收唱付,保证每笔账款正确、无误。

（6）任何减免业务都应有主管或经理签署,否则不得减免。

（7）迅速、准确地收银、结账,不出差错,掌握不同结算方式的处理方法。

（8）遇有不能解决的问题,包括长、短款,应立即上报。

（9）准确判断银行卡的真伪,遇可疑的人和卡,及时与银行核实或向银行反映,按银行答复处理。

（10）准确判断钱币的真伪,错收假币,责任自负。

（11）使用文明礼貌用语,热情接待好每一位顾客,为顾客提供快速、优质的结算服务。

（12）负责当班期间的款台安全。

（13）每班营业结束,准确无误地编制"收银员收入明细表",账款平衡方能下班。

（14）严格财务手续,保证备用金完整、正确,严禁套汇等违纪现象发生。

（15）现金收入、票据等经领班或主管复核后,封入缴款袋,上缴有关财务人员。

（16）每日结束收款后,上交收款专用章。

（17）遇突发事件及时请示领班主管。

（18）按期参加盘点。

（19）进行安全检查,做好收银区的防火防盗工作。

（20）完成收银领班交办的其他事项。

（三）收银员从业资格与技术等级

随着零售业的进一步发展壮大,如雨后春笋般涌现的大型超市、商场正以其产品齐全、价格实惠、购物环境优美、员工训练有素日渐受到人们的青睐。收银员作为一个新兴的职业,按收银员的国家职业标准要求,对收银员从业资格的认证、考核和管理工作得到了国家及各省市的高度重视。

根据国家国内贸易局关于在商品流通行业实行收银员岗位资格证书制度的通知精神,为了适应商业现代化发展的需要,加强商品流通行业职工队伍建设,提高收银员的整体素质,国家国内贸易局决定在商品流通行业实行收银员岗位培训资格证书制度。

收银员的职业等级分为初级、中级和高级。鉴定考核分为考试和考核两个部分。收银员职业综合评价等级的培训、鉴定和考核工作由国家国内贸易局营销改革司负责,中国连锁经营协会、中国商业职业技能鉴定指导中心负责组织实施。各地商品流通行业主管部门及行业协会负责组织落实具体工作并加强管理。

申报收银员技术等级者,必须具有高中以上文化程度（含同等学历）,身体健康、思维敏捷、口齿清楚,具有一定的观察、表达、计算及人际交往能力。

1. 初级收银员申报条件

具备以下条件之一者,可以申报收银职业初级收银员:

（1）在本职业见习期满2年,考核合格。

（2）经本职业初级收银员评价等级培训,并取得结业证书。

2. 中级收银员申报条件

具有以下条件之一者,可申报收银职业中级收银员:

（1）取得本职业初级资格证书后,在本职业连续工作期满2年。

（2）从事收银员工作3年以上并经本职业中级收银员职业综合评价等级培训,并取得结业证书。

3. 高级收银员申报条件

具备以下条件之一者,可申报本职业高级收银员:

（1）取得本职业中级资格证书后,在本职业连续工作期满2年。

（2）从事收银工作3年以上并经本职业高级收银员职业评价等级培训,并取得结业证书。

4. 收银员考核上岗标准

（1）点钞。①单指单张点钞30秒100张为合格,25秒100张为良好,20秒100张为最优秀。②多

指点钞25秒100为合格,20秒100张为良好,15秒100张为优秀。

（2）电脑操作。键盘实行盲打,输入商品货号1分钟10件商品合格,1分钟13件商品为良好, 1分钟15件商品为优秀。

（3）扫描。扫描商品速度要求1分钟23件商品为合格,26件为良好,30件为优秀。

第二节　收银员职业道德规范

一、收银员职业道德规范的要求

（一）收银员职业道德意识

树立良好的职业道德意识是遵守职业道德的前提,也是不断提高工作效率的重要基础。根据收银员的岗位特性,收银员应树立以下职业道德意识。

1. 顾客意识

收银人员是商家的一个对外形象,从某种程序上说,收银人员素质的高低,决定着顾客的多少,决定着商家的生存和发展,收银员应清晰地认识到自己是企业的代表,自身形象代表着企业的形象,树立"顾客是上帝"的理念,有助于树立正确的工作态度,真诚、热情周到地为顾客服务。

2. 提高自身技能意识

收银员应该认识到,行行出状元,收银工作看似平凡,但也需要掌握各方面的知识和技能,收银员要在工作之余,充实自己,努力学习和练就各种技能,如掌握有关人民币知识、点钞技能、假钞辨别、发票开具等技能。在提高操作技能的同时,锻炼自己的沟通技能、语言技能。在收银时做到既快又准,让顾客满意,争当岗位明星,更好地为顾客服务。

3. 规范意识

即要求按规则、规定来从事工作。对收银工作来说,规范操作对提高服务质量至关重要。这就要求收银员熟知服务规范、操作规范、管理规范的内容,并在工作中加以贯彻执行。

4. 合作意识

一个企业是一个团体,收银员要知道团体合作的重要性,以大局为重,在工作中能够吃苦耐劳,服从工作安排,认真履行岗位职责,尽己所能协助企业做好各方面的工作。

（二）收银员的职业道德要求

1. 遵守国家法律法规,遵守公平竞争,公平买卖的市场规则

遵纪守法,就是依法办事,严格执行政策法规和企业纪律。政策法规是企业和个人的行为准则,只有严格遵守它,企业和个人才能健康发展。

2. 文明经商,热情服务

收银员应树立全心全意为人民服务的思想,热情、耐心地为顾客服务,通过自己的热情服务,为企业创造良好的经济效益。

3. 讲究商业信誉,顾全大局

收银员要正确看待个人、企业和国家三者间的利益关系,诚实守信,做到国家利益至上,维

护企业的社会形象,个人利益服从国家利益和企业利益。

4. 严于律己,勤奋学习,提高岗位技能

收银员要努力学习岗位技术知识,古人云:"工欲善其事,必先利其器"。在这里,"器"就是指收银员过硬的技能、丰富的知识和精湛的技艺。另外,还要用科学的态度对待工作,认真研究工作上的新情况,解决工作中的新问题。

二、收银员职业道德规范的内容

（一）收银员职业道德规范的具体内容

1. 爱岗敬业,尽职尽责

收银员要热爱本职工作,安心本职工作,并为做好本职工作尽心尽力、尽职尽责,兢兢业业、扎扎实实地开展工作。

2. 公私分明,奉公守法

收银员在工作时会接触大量的钱和物。收银员要遵纪守法,自尊自重,严格执行有关政策、法规,不利用工作之便谋取私利,不损公肥私。要坚持原则,敢于同腐败现象作斗争。

3. 公平交易,诚信无欺

收银员要坚持等价交换原则,公平交易,树立良好的企业形象,取得消费者的信任。在日常收银服务中要做到:严格按照商品标价结算,并接受监督,不故意多收或少找,公平买卖,诚信无欺。

4. 尊重顾客,热情待客

在接待顾客时,收银员应做到主动、热情、耐心、周到。

（1）主动,就是要主动招呼顾客,主动为顾客服务。

（2）热情,就是在接待顾客时,态度和蔼,语言亲切。

（3）耐心,就是耐心回答顾客的提问,虚心听取顾客的意见,不计较顾客态度的好坏和语言的轻重。

（4）周到,就是千方百计为顾客着想,尽一切可能为顾客提供完美的服务。

5. 诚实守信,顾全大局

诚实就是为人真诚坦率。守信,就是遵守诺言。守信誉、重承诺,讲信用,是经商之本。收银员要用自己的一言一行去塑造企业形象,以真诚的报务来赢得顾客的信任。收银员在工作中要做到视顾客如亲人,主动实践企业承诺,讲诚信。

6. 微笑服务

微笑服务是服务态度中最基本的标准,它能使人们时刻保持良好的工作情绪。微笑要自然、得体、发自内心,使客人感到宾至如归、温馨和谐、轻松愉快。收银员始终要以强烈的责任感和饱满的热情,全身心投入到工作中去,自觉地为顾客提供微笑服务。

（二）收银员的职业道德修养

"修养"是人们为获得某种能力和品质所进行的自我学习、磨炼、改造、陶冶的过程。所谓道德修养,即道德上的自我修养,是指个人在道德意识和道德行为等方面,进行的自我教育、自我改造和自我提高。讲道德就得讲道德修养,因为一个人道德水平的高低,很大程度上取决于道德修养的自觉程度。

收银员的职业道德修养要求收银人员学习职业道德方面的知识,培养自己的职业情感,在

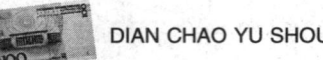

履行义务时,克服困难障碍,磨炼职业道德意志,树立坚定的职业道德信念。以持之以恒、坚韧不拔的精神和精益求精的工作态度来对待自己所从事的收银工作。收银员的职业道德修养要求收银人员在日常工作中不断提高自己的收银技能,同时学会自制和宽容,做到见物不贪,与人为善。具体地说,收银员的职业道德修养应注意以下几个方面的问题。

1. 意识方面

(1)思想意识方法。正确认识收银工作,充分认识到收银工作的重要性和意义,培养对收银工作的情感,增强职业的荣誉感、责任感和幸福感。树立正确的人生观、价值观,以高准则、严要求来约束自己。自觉地遵守职业道德。

(2)工作意识方面。收银员要端正工作态度,对工作认真、严谨,秉公办事,一丝不苟,公平正直。

(3)服务意识方面。作为收银员,必须树立起"消费者第一"的服务理念和服务意识。并掌握有关消费心理、服务心理的基本常识,如果收银员在为顾客提供服务时,都能面带微笑地招呼和协助顾客,并且和顾客愉快地沟通,在赢得顾客满意的同时,较好地维护了企业和自己的形象。

2. 技能方面

收银工作是操作性和技能性极强的工作,作为一名合格的收银人员,应意识到,自己服务质量的高低,光有和蔼亲切的态度是远远不够的,还应该努力提高自己的技能。所以平时要多练习以下四种技能并有相关的知识储备:

(1)操作技能。由于现代科学技能的飞速发展,电器设备、电脑在收银工作中被逐步普及,收银人员要努力提高自己的计算机操作、收银机操作等技能。

(2)沟通技能。收银员面向顾客服务,沟通显得特别重要。掌握与顾客、与上级、与同事沟通的技巧、方法,变单调的服务为充满人情味的交流,会让人心情愉快,工作效率得到提高。

(3)语言技能。语言是沟通的工具,在开放的中国,许多外籍人士在中国学习和工作,特别是2008年北京奥运会在中国举办,更多的外国人来到中国,作为一名优秀的收银员,应掌握收银中常用的外语,才能更好地提供服务。

(4)知识储备。收银人员应掌握商品的有关知识,商业零售企业的有关知识,人民币、收银机的有关知识、礼仪知识、安全知识和相关法律法规知识。

第三节　收银员操作规范和礼仪规范

一、收银员日常操作流程

为了使收银工作有条不紊地进行,每天的收银应按一定的工作流程来进行,并且每一个流程都必须有相应的操作规范,在严格执行操作规范的前提下,按照规定好的流程来进行操作。

通常每日收银工作流程有三个环节,如图4-1所示。

收银员日常工作流程可分为营业前、营业中和营业结束后三个阶段,以此做安排。

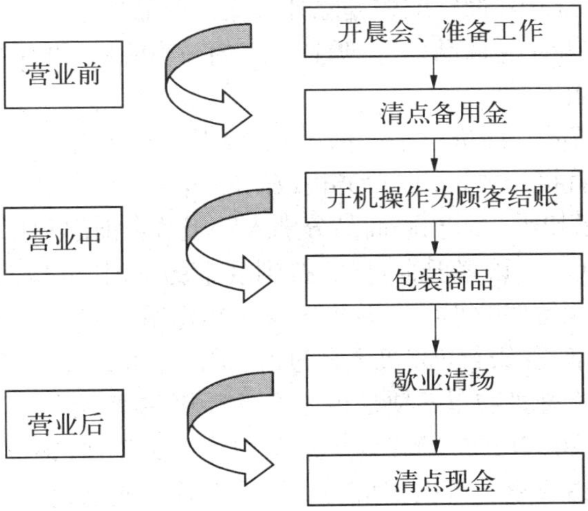

图4-1 收银员日常操作流程

（一）营业前

营业前工作流程如下：

（1）开晨会。每天超市营业之前，收银主管要给各个当班的收银员开展晨会，总结前一天收银工作的情况，布置当天收银工作的任务，特别要强调收银工作的规范和要求，提醒收银员防止发生收银差错。

（2）营业前要做好营业准备工作，清洁、整理收银作业区。

（3）整理补充必备的物品。如购物袋、打印纸、暂停结算牌、复写纸、笔、干净的抹布、吸管、剪刀、绳等。

（4）补充收银台附近货柜的商品。

（5）清点备用金。在超市开始营业之前，为每个当班收银员准备一定金额的备用金，以便在营业过程中给顾客找现，从而是保证收银工作的顺利进行。这项工作应在每天晚上超市营业结束后和次日早晨营业开始前，分别由当班收银员完成。根据实际营业情况的不同，每天给每个收银员预留的收银备用金为500~1 000元之间。

（6）了解当日促销活动事项，整理仪容、仪表，进行上岗仪式。

（7）检验收银机，为收银做准备。

（二）营业中

1. 营业中工作流程

欢迎顾客→扫描商品→消磁商品→装袋／车→金额总计→收款→找零→感谢顾客

2. 收款细则

（1）当顾客临近收银台时，根据当时情况，可选择性地向顾客问候："您好！"，并协助顾客将商品放在收银台上。

（2）询问顾客是否有"积分卡"、"会员卡"，按以下不同情况进行处理：① 如果有积分卡，先划卡，再扫描商品。② 如果有积分卡而没带，要向顾客说明只能当时积分，过后无法补刷。③ 如果没有积分卡，顾客想办，耐心指引顾客到相关部门办理。④ 如果没有积分卡，且不想办，正常扫描结账。

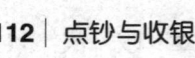

（3）将商品逐一进行扫码（捆绑或整箱除外），输入商品信息时要求正确规范，扫描在扫描器最敏感的地区，按指定箭头将商品划过，听到"嘟"的一声响后，再仔细核对每个商品与POS机显示品名、规格、价格是否一致。

（4）如读不出码的商品立即进行手工输入，不得用不同条码同一价格的商品代替入机，同条码的多件商品清点后直接用数量输入POS机或间隔扫描。

（5）必须清楚地将已扫码与未扫码商品分别入置于款台前部和打包台。根据POS机提示的金额向顾客收取货款。① 如顾客现金付款，接到现金的同时，向顾客说："收您××元，找您××元，请您核对一下，这是您的小票"，并告知小票的作用。② 如果顾客是信用卡付款，首先检查收银台是否受理此卡，在银行POS机上划过后，键入金额，请顾客确认并输入密码后，方可向下进行。完成后，认真检查签购单各项是否正确。请顾客在签购单上签字，将签购单顾客联交顾客。③ 如果是支票购物，首先请顾客到大宗购物款台交款，收银员统计出顾客所购商品金额，同时通知收银主管，由收银主管据实填写支票号并检验支票的合法性，如支票合法则由收银员录入数据，由收银主管填写内交单后交到财务部，由财务部填写内转单，其中收银主管留存一联，另一联由收银主管交给当班收银员做交账凭证。

（6）顾客付款完毕后，方可确实上传此笔交易，关闭钱箱。

（7）当顾客商品入袋时，要求将不同性质的物品分别包装。

（8）装袋后，再次检查购物车底部是否还有商品或顾客身上、手中、胳膊夹的、小孩吃的，是否属所售商品。

（9）有防盗扣的商品先解除防盗扣，再进行登录，扣钉放在款台下面的抽屉中，下班后统一收齐交收银处，所拆衣架、鞋勾要入在款台内，闭店后退回。

（三）营业后

营业后工作流程如下：

（1）如整理各类发票及促销券。

（2）结算营业额。

（3）整理收银作业区卫生。

（4）关闭收银机并盖好防尘套。

（5）清洁、整理各类备用品。

（6）协助现场人员做好结束后的其他工作。

（四）营业后缴款的有关规定

（1）收银员必须在收银主管或领班打完班、日结报表后，方可将银箱内的钱币全部装入钱袋，然后离开款台到总收室清点、缴款，严禁在款台上清点。

（2）缴款时，收银员需有收银前台防损员陪同到总收室。

（3）主管或领班打印完班结时，收银员不得看班、日结内容。

（4）收银员不允许与主管或领班对班结，只可将备用金和货款交总收后方可与总收人员进行核对。

（5）如发现货款与班结不符时，必须由总收人员清点备用金，或总收人员在场监督由本人清点。

（6）缴款单上的票面、金额必须字迹清晰、明确，不得涂改。

（7）营业结束前不得在款台上清点货款，清点货款必须在总收室进行。

（8）收银员点款时，防损部需设2名防损到总收室前站岗。

（五）收银员在收银时要注意的问题

（1）留意一些特殊人群。如小孩子手里拿着的玩具、书或食品，应留心是顾客带来的还是本超市的商品，如果是本超市的，应礼貌地提醒家长付款。

（2）留意购物车上的一些特殊部位。如购物车的把手、旁边、车底下，因为有些顾客会挂一些东西或放一些东西在那里。收银员要留意是顾客自己的，还是超市里的东西。收银员在扫描完最后一件商品后要问一下顾客是否商品都在这里，客气地提醒一下顾客。

（3）留意不完整或变形的标签。为了防止个别不良顾客调换条码标签，收银员在扫描完商品后，要留心注意商品的规格等与价格是否一致，为此，收银员应大致了解本超市的各类商品的规格、重量和价格等情况。

（4）留意一些特殊商品。有些商品是按个来卖，有些是按对来卖；有些商品品牌一样，但规格、功能不同，价格也不一样；盒装的商品如酒、化妆品等，容易被掉换包装；等等。这都要求收银员特别注意。

二、收银员装袋服务

将结算好的商品装入袋中是收银工作的一个重要环节，不要以为该项工作是很容易的，该项工作做得不好，往往会使顾客扫兴而归，所以，收银员不是收完顾客的钱就服务结束了，为顾客装好商品也是收银员的责任。

（一）正确选择购物袋

购物袋的尺寸有大小之分，应根据商品的多少正确选择大小合适的购物袋。究竟用一个大的购物袋还是用两个小的购物袋，这由商品的类别和承重来决定。

（二）将商品分类装袋

商品分类是非常重要的，不同性质的商品必须分开入袋。正确科学地进行分类装袋，不仅提高了服务水平，增加顾客满意度，也体现了对顾客的尊重和体贴。

一般分类的原则如下：

（1）生鲜食品（含冷冻食品）不与干货食品、百货食品混合装袋。

（2）熟食、面包类即食商品不与其他生鲜食品混装，生熟分开。

（3）生鲜食品中，海鲜不与其他食品混装，避免串味，水果不能和未处理的生鲜食品放在一起。

（4）化学用剂类，如洗发水、香皂、洗衣粉、各类清洁剂等不与食品、百货混装。

（5）服装、内衣等一般不与食品类商品混装，以免污染。

（6）冷冻品、豆制品等容易出水的商品和鱼、肉、菜等容易出汗液的商品，或是味道较重的食品，应先用其他包装袋包装妥当后再放入大购物袋中，或经顾客同意放入大购物袋中。

（7）确定附有盖子的物品都已经拧紧。

（三）掌握正确的装袋顺序

正确的装袋顺序如下：

（1）硬与重的商品垫底装袋。

（2）正方形或长方形的商品装入购物袋的两侧，作为支架，瓶装或罐装的商品放在中间，以免受到外在压力破损，易碎品或较轻的商品置于袋中的上方。

（3）装入袋中的商品不能高过袋口，以免顾客提拿不方便，一个袋中装不下的商品可放入另一个袋中。

（4）确定连锁企业的传单宣传品及赠品已放入顾客的购物袋中。

（5）对袋子装不下的体积过大的商品，要另外用绳子捆好，以方便顾客提拿。

（6）装完袋后，提醒顾客带走所有包装入袋的商品，防止遗忘情况发生。

三、其他操作规定

（一）收银员离开收银台的操作规定

（1）不得擅自离开岗位，离岗必须得到收银主管的同意。

（2）离开收银台时，要将"暂停收款"或"暂停服务"牌放在收银台上，并用链条将收银通道拦住。

（3）临时离开的必须锁上收银机抽屉，钥匙必须随身携带，并把离开原因告之邻近收银台。

（4）离开收银机前，如还有顾客在等待结账，不可立即离开，应请顾客到其他收银台结账。

（二）收银员对商品的管理

超市、商场集中结算的原则，就是凡是通过收银区的商品都要付款结账，因此，收银员要有效控制商品的出入，商品的进入如无特殊需要，一般不经过收银通道。有些商品的出店，如对工厂或配送中心的退货，应从指定地方退出，不得通过收银通道，这样可避免厂商人员或店内职工擅自带出超市内的商品，造成损失。对厂商人员，要求以个人的工作证换领超市自备的识别卡。

（三）营业收入的处理

营业收入的作业管理能够保证超市经营管理的最后成果的安全性。收银员的营业收入结算，除了在交接班和营业结束后要进行外，每天要固定一个时间做单日营业的总结算，这个时间最好选择在下午的3点和4点之间，这样可避免营业的高峰，也可在银行营业结束之前进行解款。在每天这个总结算时间里结出的营业收入（如每天下午3点），代表昨天下午3点至今天下午3点的单日营业总收入金额。在进行总结算时，应将所有现金、购物券等一起进行结算。结算后由收银员与收银主管在指定地点面对面点算清楚，并填写每日营业收入结账表，由收银员和收银主管签名，该结账表是会计部门查核和做账的凭证。

各收银员的营业收入交总收室汇总后，应由专人（最好是2人）存入指定的银行。最好对营业款存入银行的时间、路线等作出规定，以免发生意外。

（四）收银错误的处理

收银员在作业过程中难免会有收银错误发生，对此，一是要及时发现，二是要及时更正，三是要做好事后的检查工作。收银发生错误，既有收银员方面的原因，如多打或少打价钱，导致结账发生错误，以及金钱收付发生错误；也有顾客方面的原因，如顾客携带现金不足，顾客临时退货等。

1. 结账错误的纠正

（1）结账发生错误时，不论顾客对错，应先礼貌地向顾客致歉，并立即纠正。

（2）如果多打商品价格，且账单尚未打出，可询问顾客是否还要购买其他商品，如顾客不需要添购其他商品,则应将账单作废除,重新打单。

(3)如收银结算单已经打出,应立即将打错的收银结算单收回,重新打一张正确的结算单给顾客,并礼貌地请顾客在作废的结算单上签名。待顾客离去之后,在一定时间内在作废结算单记录本上记录。

2. 顾客携带现金不足或临时退货的处理

(1)如顾客携带现金不够,不足以支付所选的商品时,可建议顾客办理相当于不足部分商品退货。此时应将已打好的结算清单收回作废,重打减项的商品结算单给顾客。

(2)如顾客愿意回去拿钱来补足时,必须保留与不足部分等值的商品,直至当班结束,而顾客支付的现金等值的商品可在完成结算后让顾客先行拿回。

(3)如顾客因现金不足,临时决定不购买时,也不可恶言相加,其作废结算单的处理程序与上项相同。

3. 收付发生错误时的处理办法

收银员下班之前必须先核对收银机内的现金、准现金和当日中间收款(营业过程解缴的款项)的数量与收银机结出的应收数额是否一致。若发生收付差错,应分析原因,并由收银员写出报告书。当收付差错超过规定限额时,无论缺额还是盈余,收银员皆承担相应的经济责任。

4. 作废账单处理办法

作废账单应及时登记在作废账单记录本上。

(五)职工的购物管理

1. 员工购物

员工不得在上班时间内购物,员工购物时间须有统一的规定(如只能是在非工作时间内),在规定时间内员工所购买的商品,其购物发票应加上收银员的签署,并请主管加签,员工退调商品必须按正常手续进行,不可私下自行调换。

2. 目标

(1)倡导员工购买超市商品,为促进公司的发展提供机会。

(2)为所有员工购物提供便利的制度。

3. 原则

(1)各级别的员工,包括计时工,有权与顾客一样以相同价格购买各种商品,可以用现金或用信用卡付款。

(2)员工不可在超市营业时间购物,员工只可在当天当班时间外或休假时购物。

(3)公司不允许员工穿着工作服在本商场购物。

(4)公司不允许员工把本商场或其他地方购买的商品保存在超市或办公区域。

4. 员工购物原则

(1)员工无论何时购物,都必须在公司指定的收银机处付款。

(2)所有员工购物时,如需出具税务发票或收据,必须经过收银领班或主管同意签字。

(3)任何员工购物时不遵守上述规则,应被认为违反公司规定。

四、收银员的礼仪规范

收银员的工作是面向消费者提供服务的工作,是企业对外的一个窗口。收银礼仪是收银人

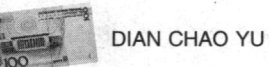

员在收银岗位上面对顾客时,表示尊重对方、律己敬人的一种行为规范。礼仪不仅是一个人内在修养和素质的外在表现,也是人际交往中的一种艺术、一种交际方法和一种沟通技巧。推广礼仪服务,不仅有助于提高收银员个人修养,还有助于提高服务水平和服务质量,塑造并维护企业的整体形象。

（一）收银服务礼仪的基本要求

1. 尊重对方

每个人都有受人尊重的需要,在与顾客的交往中,如收银员出言不逊、举止失礼会引起顾客的不满。因此,如果顾客对收银员的服务有不满之处,收银员必须平和处理,尊重顾客,采取真诚的态度,这样会缓解或消除顾客的不满情绪。

2. 讲究沟通艺术

收银员要与顾客建立良好关系,再忙也要学会耐心倾听顾客说话,并且讲究说话方式,针对不同的顾客采取问候式、赞美式、安慰式、说明式等不同的讲话方式。

3. 调整好心态

收银员要本着理解、宽容的原则和与人为善的心态来开展工作。遇上刁蛮、不讲理的顾客时,要学会克制自己,冷静、沉着,不受对方情绪影响。做到"你发火,我耐心;你埋怨,我周到;你有气,我热情"。

4. 规范服务

收银员要努力提高自己,为顾客提供一流的服务,以优质的服务赢得顾客的信任,在整个服务过程中,善始善终,引起顾客共鸣,达到服务目标的要求。

（二）收银服务礼仪的基本准则

1. 遵守公德

遵守公德包括尊重妇女,关怀体贴老人,遵守公共秩序,表现了人与人之间的互相尊重以及对社会的责任感,遵守公德是服务人员应具备的品质。

2. 遵时守信

遵守规定或约定的时间,不能违时或失约,讲信用,对自己的承诺要认真执行。

3. 真诚谦虚

诚心待人,心口如一,不能自以为是。

4. 热情适度

对人热烈感情的表现要有一定的分寸,恰到好处使人感到能够自然适应。

5. 理解宽容

能根据具体情况体谅别人,尊重别人,心领神会别人的喜、怒、哀、乐,大度容人,尤其在非原则问题上,能够原谅别人的过错。

6. 文明待客

做到来有迎声、问有答声、去有送声。

（三）收银员的仪表礼仪规范

1. 头发

（1）保持头发清洁整齐,经常洗头、剪发。

（2）头发不可遮及眉毛,发型造型不得过于夸张、怪异,不得将头发染成黑色以外的任何其他颜色。

（3）头发应整理得体,过肩长发必须束扎盘结,头饰造型不得过于夸张,颜色不得过于鲜艳。

2. 化妆服饰

（1）收银员上班必须化妆,口红、眉毛需涂描得体,不得浓妆艳抹。

（2）指甲须短而干净,不得留长指甲。使用指甲油时,只可涂无色或肉色,且每只指甲均应涂上相同的颜色。

（3）工作时间不得戴有色眼镜。

（4）除了手表以外,可佩戴无镶嵌物的戒指一枚,不得佩带大圈或带坠耳环,不得戴项链、手链或脚链,以免妨碍工作。

（5）制服需清洁、整齐,发现破损应及时修补。

（6）工装拉链必须拉上,长袖衬衣需扣紧袖口,衬衣下摆应扎放在裤、裙内,着长裤时要用皮带。

（7）着裙装时,应穿长袜,长袜不得短于裙子的下摆,并一律为肉色。衬衣纽扣必须扣好。

（8）胸卡填写的内容需规范齐全,外套和内芯无破损、污渍。

（9）胸卡一律佩带于制服外衣的左胸,不得佩带无照片或经涂改的胸卡。

（10）不得穿拖鞋、凉鞋、草鞋或雨靴。

3. 举止

（1）站姿。要求:头正,双目平视,双肩放松,自然呼吸,人体有向上的感觉。挺胸、收腹、提臀,躯干挺直。双臂自然下垂于身体两侧,手指并拢自然弯曲,两手轻扶收银台。

（2）坐姿。要求:上身自然挺直,挺胸,直腰,身体重心集中在腰部,双手自然放在腿上,两腿并拢,双膝自然并拢,双腿自然弯曲,小腿与地面垂直,双脚并拢平放于地面,离座时,要自然稳当,右脚向后收半步,起立后右脚与左脚并齐。

（3）步姿。收银员进入店内,便是以企业主人的身份出现,应当时时、事事、处处表现出本企业良好的精神风貌。当顾客较多、堵住道路时,应轻声说"劳驾,请让一让"。与顾客迎面行走时,要给顾客主动让路。不要边走边聊天,不要手拉手行走,更不可勾肩搭背地走。

（4）手势。① 指引手势:五指并拢,掌心朝上,手臂肘关节为轴,自然从体前上扬并向所指方向伸直（手臂伸直后应比肩低）,同时上身前倾,头偏向指示方向并以目光示意。② 交谈手势:与人交谈使用手势时,动作不宜过大,手势不宜过多,不要击掌或拍腿,更不可手舞足蹈。

4. 表情

（1）目光。眼睛语言有极强的表现力,内容也极其丰富。眼睛是心灵的窗户,在收银工作中,收银员的目光应是坦然亲切的。在接待顾客时,必须以热情、柔和的目光正视顾客的眼部,善于体会顾客的目光,在顾客开口前,便能主动询问或主动服务。

（2）微笑。甜美、温和、友好、自然亲切、恰到好处的微笑,给人以愉快、舒适、动人的感觉。真诚、微笑要发自内心,是内心喜悦和真实的流露。每个收银员在任何时候、任何场合,对任何人都应始终如一地微笑相待。练习时要培养敬业爱岗、乐业的思想,同时加强心理素质的锻炼,提高自身的素质。

（四）收银员的行为礼仪规范

1.	"六必须"

（1）必须按规定整齐着装。

（2）必须发型规范、淡妆上岗、坐姿端庄。

（3）必须精神饱满、主动热情、微笑待客。

（4）必须文明礼貌、使用普通话、文明用语和唱收唱付。

（5）必须保持款台干净整齐。

（6）必须保持账款一致。

2."八不准"

（1）不准在收银台内聊天、嬉笑、打闹。

（2）不准在当班擅自离台、离岗、停台。

（3）不准在款台内看书、看报。

（4）不准以点款、结账为借口,拒收和冷漠顾客。

（5）不准在款台内会客、吃东西。

（6）不准踢、蹬、翘、靠、坐收银台。

（7）不准未到下班时间私自关闭收银台。

（8）不准出现对顾客争吵、辱骂、殴打现象。

3. 行为规范

（1）收银员必须遵守"六必须"和"八不准"。

（2）收银员必须遵守公司的财务制度和考勤制度。

（3）收银员到岗后,首先做好收银台的卫生。

（4）每天的着装要得体,上班要穿工装,淡妆上岗。

（5）收银员当班时不得将私人的钱物带进工作场所。

（6）每日听到迎宾曲时都要站立迎宾。

（7）收银员要注意自己的服务态度和服务技巧,不管任何情况,不得和顾客发生争吵。

（8）熟知商场的布局和300元以上商品价格。

（9）当班时,收银员不得无故离台,如有事离台,必须举手通知邻班人员,关上消磁板,并拦上护栏。

（10）收受支票、信用卡的收银员,对收受银行票据必须清楚明白,对有疑问的,一定要告知主管和总收来决定是否接受。

（11）信用卡台的收银员每天营业结束后必须打印出结账单和关掉银行POS机的电源。

（12）每个收银员必须对所有商品进行清点,保证所扫商品的价格相符,每一件商品进入电脑。

（13）收银必须做好商品的消磁工作。

（14）收银员必须爱护收银工具,如有损坏,照价赔偿。

（五）收银人员的语言礼仪规范

语言是人们用来表示意愿、交流思想、感情的交际工具。在收银工作中,收银员要使用标准的普通话,语言流利、口齿清楚,语速、音量适中,声音柔和,用语礼貌、文明,收银员应掌握基本的英语问候及日常用语,以应对一些从英语国家来的顾客。

服务的八字方针是"主动、热情、耐心、周到",不论在种种情况下,收银员都应使用文明用语:"您、请、欢迎、对不起、没关系、谢谢、再见"。

日常经营中收银员常用的待客用语举例如下:

(1)当顾客走进收银台时说:"欢迎光临! 您好!"

(2)使用尊称、敬语:称呼顾客为"先生"、"小姐"、"女士"或"您",如果属于常客知道姓氏的,应注意在称呼前加上姓氏。在提到与顾客同来的第三位顾客时不能讲"他",而应称"那位先生"或"那位女士(小姐)"。

(3)暂时离开收银台,为顾客做其他服务时说:"对不起,请您稍等一下"。同时,把离开的原因告知顾客。

(4)重新回到收银台:"对不起,让您久等了。"

(5)为顾客结账服务时,要做到三唱服务:"总共××元/收您××元/找您××元。"

(6)当顾客结束购物时,必须感谢顾客的惠顾说:"谢谢,欢迎再次光临! 再见。"

(7)当顾客买不到商品时,应向顾客致歉,并给出建议,其用语为:"对不起,现在刚好缺货,让您白跑一趟,你要不要先买别的牌子试一试,或是留下您的电话和姓名,等新货到时立刻通知您"。

(8)当自己疏忽或没有解决的办法时,应说"真抱歉"或"对不起"、"我马上去问一下"。

(9)提出意见:提供意见让顾客决定时,应说:"若是您喜欢的话,请您"……""。当提出几种意见供顾客参考时,应说:"您的意思怎么样呢?"

(10)希望顾客接纳自己的意见时,应说"实在是很抱歉,请问您……"。

(11)顾客抱怨。遇到顾客抱怨时,应仔细聆听顾客的意见,并予以记录,如果问题严重,不要立即下结论,而应请主管出面向顾客解释,其用语为:"是的,我明白您的意思,我会将您的建议向主管汇报,或者您是否直接告诉主管?"

(12)不知道如何回答顾客询问,或者对答案没有把握时,绝不能说"不知道",应说"对不起,请您等一下,我请主管过来解答"。

(13)顾客询问商品是否新鲜时,应以肯定、确认的态度告诉顾客:"一定新鲜,如果买回去不满意,欢迎您拿来退钱或换货。"

(14)顾客要求包装所购买的礼品时,就微笑告诉顾客:"好的,请您先在收银台结账,再麻烦您到前面的服务台(同时打手势,手心向上),会有专人为您包装的。"

(15)顾客询问特价商品,应先口述数种特价商品,同时拿宣传单给顾客,并告诉顾客:"这里有详细的内容,请您参考选购,祝您购物愉快。"

(16)请顾客到本柜台结账。本收银台收银空闲,而顾客又未确定到何处结账时,应该说:"欢迎光临! 请您到这里来结账好吗?"(以手势指示结账台,并轻轻点头示意。)

(17)协调顾客排队事宜。有多位顾客等待结账,而最后一位表示只买一样东西且有急事要办时,应对第一位顾客说:"对不起,能不能先让这位先生(小姐)先结账? 他有急事要办。"当第一位顾客答应时,应再对他说声"谢谢";当第一位顾客不答应时,应对提出要求的顾客说:"很抱歉,大家好像都很急。"

(18)在店门口遇到了购买本店商品的顾客时,应说:"谢谢您,欢迎再次光临。

(六)收银员奖评细则

(1)违反"六必须"、"八不准"中任一条,每次扣1分。

(2)违反仪容仪表规定(工作服、工牌、淡妆、发型等),每次扣1分。

(3)未使用普通话礼貌用语、唱收唱付,扣1分。

（4）顶撞顾客者，扣2分；遭顾客投诉者，扣5分；接待态度不好者，扣10分。

（5）开会前必须领好备用金，否则算迟到。开会、上机迟到，对安排的工作不能如期完成的，扣1分。

（6）连续三次业绩排名倒数3名，扣5分。

（7）迎宾前未做款台清洁、未主动迎宾者，扣1分。

（8）违反收银员工作流程，每项扣1分。

（9）收银员造成发票及退货单遗失者、作废发票未交者，每项扣2分。

（10）错扫、漏扫、未消磁、每次扣1分。

（11）未经领班允许无故离台，扣2分；离台未拦栏杆、未关消磁其中任一项，扣1分。

（12）出现长短款，48小时内未将短款和罚单交齐者，每项扣2分。

（13）当班时间在卖场内点款、空闲时聊天，扣1分；看杂志、报纸、快讯，在款台内吃东西、喝饮料者，扣1分。

（14）款台内杂乱，扣1分；未保管好款台物品，造成物品丢失，扣3分。

（15）下班未将发票、硬标签送到总收室；未将款台上清理干净；未等候防损护送；未交款台钥匙；未关柜门；未关屏幕、打印机；未盖打印机盖者；每次扣1分。

（16）下班未将电脑电源关闭者，扣2分。

（17）备用金出现长款、假钞者，扣3分。

（七）奖励

（1）发现调包和顾客夹带，为公司挽回损失者，每次加3分。

（2）发现条码、价格差异并通知相关部门及人员改正者，加2分。

（3）工作需要情况下无条件加班，加2分。

（4）提出合理化建议者，加2分；被采纳者，加5分。

（5）在比赛及考核中获奖或前3名，加5分。

（6）在全店会受表扬，加5分；在部门会议表扬，加3分。

（7）每次业绩排名前3名并不超过正常差异者，分别加10分、5分、3分。

（8）发现其他同时违规行为及时举报，为公司挽回损失者，加5分。

第四节　收银机操作

一、商业POS系统和收银机

（一）POS系统简介

1. POS系统基本概念及组成

POS是英文"Point of Sales"的缩写，通常被译为"销售终端"或"销售点实时处理系统"。商业POS系统，以计算机和收款机系统为工具，以计算机网络、通信技术和科学管理方法等为基础，通过对超市各类管理信息进行采集、传递、处理与分析，及时、准确、系统地反映超市经营活动状态及库存情况，最终使超市获得最佳的经济效益和社会效益。

POS系统是专门用于商业企业前台销售与后台管理的计算机应用软件，是用来对商业企业的前台销售信息进行实时跟踪处理，以及对后台采购订货与库存盘点等信息进行实时管理的计算机工作程序。POS系统由前台销售系统和后台MIS系统组成，如图4-2所示。

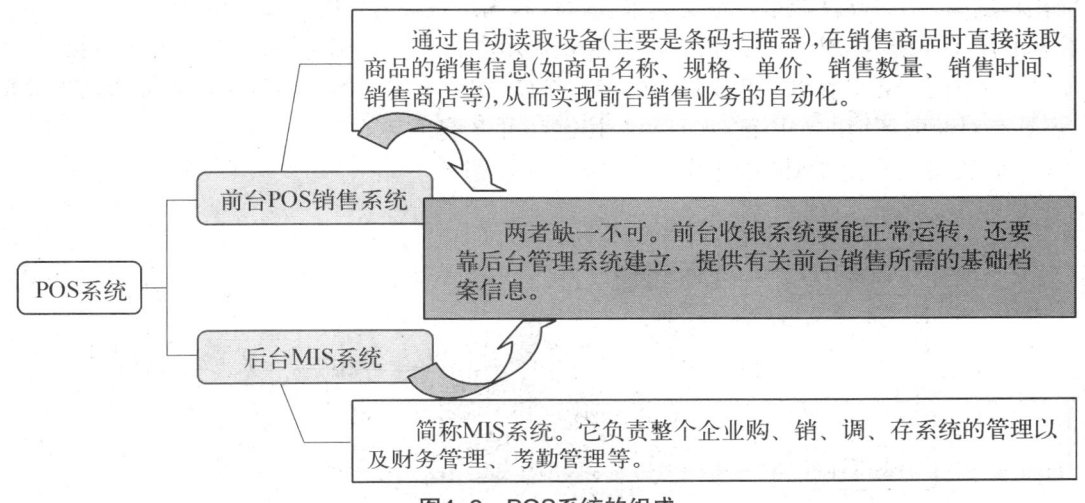

图4-2 POS系统的组成

2. POS系统的基本结构

POS系统可由单台收款机构成，由于收款机本身具有商品交易、商品信息存储和管理的功能，因此，单台收款机就可以构成独立的POS系统。它一般是基于PC的收款机，适用于小的杂货店、小餐厅等。

POS系统也可以由多台收款机通过通信线路与服务器（可以是PC机）相连构成POS系统，收款机用于处理日常的销售交易，收集、处理商品销售数据。服务器则将收款机运行时所需要的档案信息（商品名称、价格）等下传到收款机，并对收款机进行控制和管理。这种系统适用于中小型商场、超市及餐饮店。

以上两种系统结构都可与银行系统相连，在商品交易中，客户可用信用卡立即转账。

3. POS系统的主要功能

（1）POS机在进行收银结算时，能自动记录商品销售的原始资料和其他相关的资料。

（2）POS收银机会自动储存、整理所记录的全日销售资料，可以反映每一个时点、时段和即时的销售信息，提供给后台电脑处理。

（3）POS系统能够迅速而准确地完成前台收银的工作，同时能保存完整的记录，并能够利用信用卡销售直接即时入账，直接进行电子转账和结算。

（4）POS可用前台收款机进行盘点数据的录入及复核，确保盘点数据快速、准确、及时地录入系统。

（5）运用POS系统这一现代科学的管理手段，有助于经营企业加强对商品进、销、存各个环节的管理，为决策提供依据。

（二）认识POS收银机

随着信息时代的到来，计算机技术和网络技术已渗透到生活中的各个方面。收银的主要工

具不再是算盘、计算器和纸笔,而是收银机。收银机快速、准确的收银为顾客提供了更为优质的服务,成了各大商场超市收银必不可少的工具。因此,收银员必须认识收银机,学会使用收银机,从而达到规范地操作收银机。

POS收银机也称POS终端,它的硬件基础是通用计算机的基本部件,生产时采用国际规范,标准化程度高。由于硬件能很好地支撑系统软件和满足各种需要的应用软件,特别是可运用较为成熟的汉字系统,实现国际字库的汉字输入、显示和打印等。POS机有计算机的通用接口,可以连接多种网络,又有适用于商业环境的专用接口,如磁卡阅读器、钱箱、条形码阅读器外设接口,还具有对商业环境的专用键盘,且每个按键都可以重新定义。

POS收银机的构造如图4-3所示。

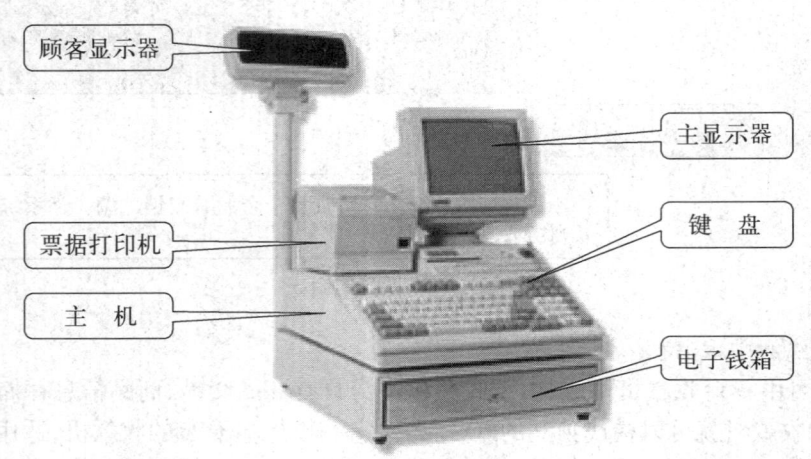

顾客显示器　主显示器　票据打印机　键　盘　主　机　电子钱箱

图4-3　POS收银机的构造

一般的POS系统前台销售终端都包括个人电脑、磁卡阅读器、收据打印机、客户显示屏、钱箱等组成。

(1)主机:基本上采用PC机的通用或专用主板,较好的收银机采用自行设计的POS专用的主板,以在恶劣环境下有较强的工作能力。主机包括中央处理器及主板,是POS收银机的主要部分。主机由CPU、POS专用主板、内存和硬盘等几个主要部件组成,用于存储软件、执行程序,并处理存储交易时产生的各种数据。

(2)数据存储器:用于存储机器的程序和销售商品的数量、金额、税和各类报表等数据。

(3)显示器:收银物品经扫描或输入条码后反映在显示器上,应做什么、做了什么、哪里做错了等信息,显示器上都有提示,收银员要仔细看清屏幕,进行操作。

(4)键盘:销售商品里,除了可用条码扫描器外,还可以由键盘输入商品条形码以及其他数据。键盘上常用的按键有:

A."Enter"回车键:该键有两个用途,一是提示数据输入结束;二是当出现输入错误修改后,按回车键表示修改成正确的数据。

B.光标移动键、数字键、小数点键、倒退键:其使用方法与正常使用时相同。

C.功能键:除了常用键外,各种POS系统允许用户自行定义功能键,用功能键代替各种具体键,在收银时,只要记住功能键的位置,就可以节约时间,提高结账速度。

D. 数字键。

（5）打印机：每一笔交易将从收据打印机输出小票。打印纸用完后可直接安装，打印纸若装反，则打印时不显示字迹。

（6）磁卡阅读器：用来阅读磁卡上的设备，如各种信用卡、员工磁卡、贵宾卡等。磁卡阅读器的使用方法是将磁卡反面（有磁条面）面向自己，由读卡器槽左端插入，并匀速滑过。

（7）客户显示屏：在交易过程中，显示屏不断显示客户所购商品的单价与数量，交易完成后，显示屏显示应收金额及应找金额。客户显示屏应面向顾客，并保持清洁。

（8）钱箱：钱箱是存入各种货币及有价证券的专用箱，一笔交易完成后银箱会自动开锁弹出，完成操作后推上银箱，银箱即自动加锁。

（9）收款机外部接口：用于连接条码阅读器、发票打印机、磁卡阅读器、电子秤及通信联网等。

二、商业POS系统应用实例

通常收银机的操作规程是按照软件设计的具体要求来进行的，一般来说有以下几个过程：

（1）打开收银机：打开电源开关，开启显示器和票据打印机等外设开关，开启POS收银机主机的电源开关。开启POS收银机主机的电源开关时，可听到条形码扫描器通电指示音，同时系统将自动执行管理软件，直至进入相应的待机界面。

（2）登录系统：打开收银机后，选择进入POS销售系统（前台），随后在出现的界面中进行员工登录，输入员工代码和密码，如果密码正确即可进入前台操作界面。

（3）收银操作：包括销售（交易）、退货、冲账、解款表查询打印、后台缴款单对账等。根据顾客业务情况分别选择要做哪项操作。

下面以青岛海信网络科技股份有限公司的商海导航系统为例介绍收款机的操作过程。

（一）收款机操作前准备工作

（1）领取收款机钥匙。

（2）检查收款机电源是否正常。

（3）检查收款机、信用卡等设备状况是否处于正常状态。

（4）查看打印纸是否够用。

（5）放入备用金。

（6）了解系统日期是否正确。

（二）进入POS系统

（1）打开POS机的前盖板（在收款机的左下角）。

（2）按下前盖板内的红色电源开关，然后放开。

（3）双击桌面的"前台收款"图标（使用Tab键移动光标）。POS机桌面如图4-4所示。

（4）在用户注册处有光标在闪动，输入用户代号（由管理员事前在后台设置）及用户密码（新增加的员工用户密码为6个8），回车。如图4-5中的用户注册。

选中"否"，选择进行"收款模块"。出现收款界面，如图4-6及图4-7所示。

（三）正常销售业务的操作

（1）选择右上角"交易"后，出现如图4-8所示界面。

图4-4　POS机桌面

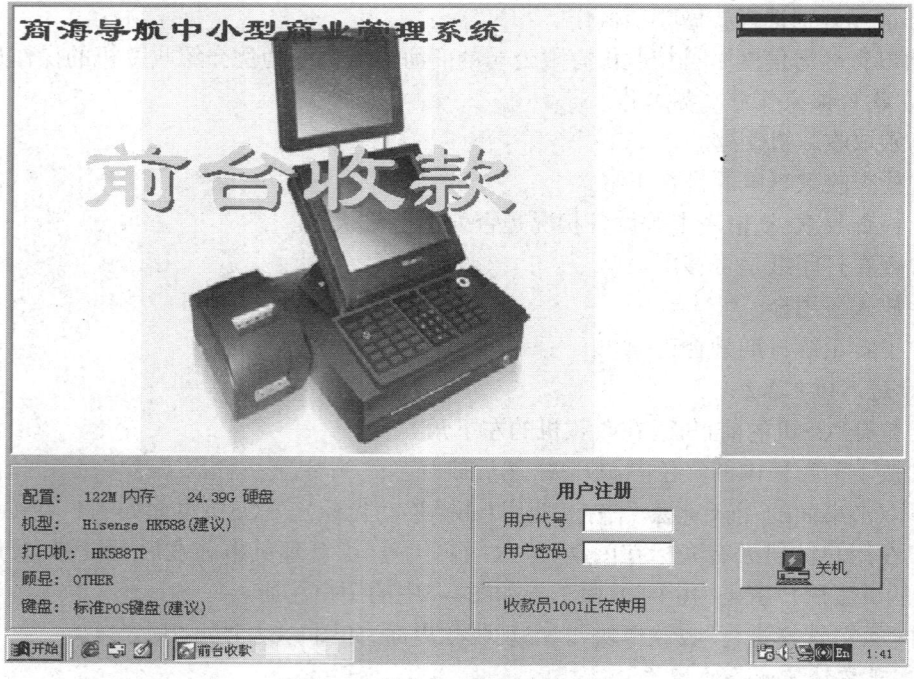

图4-5　进入前台收款操作界面

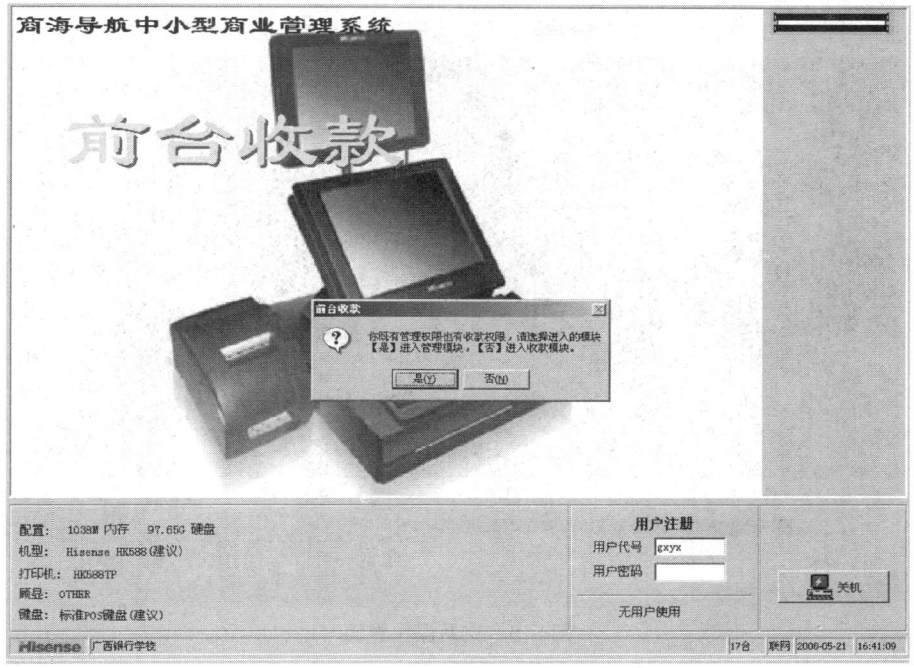

图4-6　进入前台收款操作界面

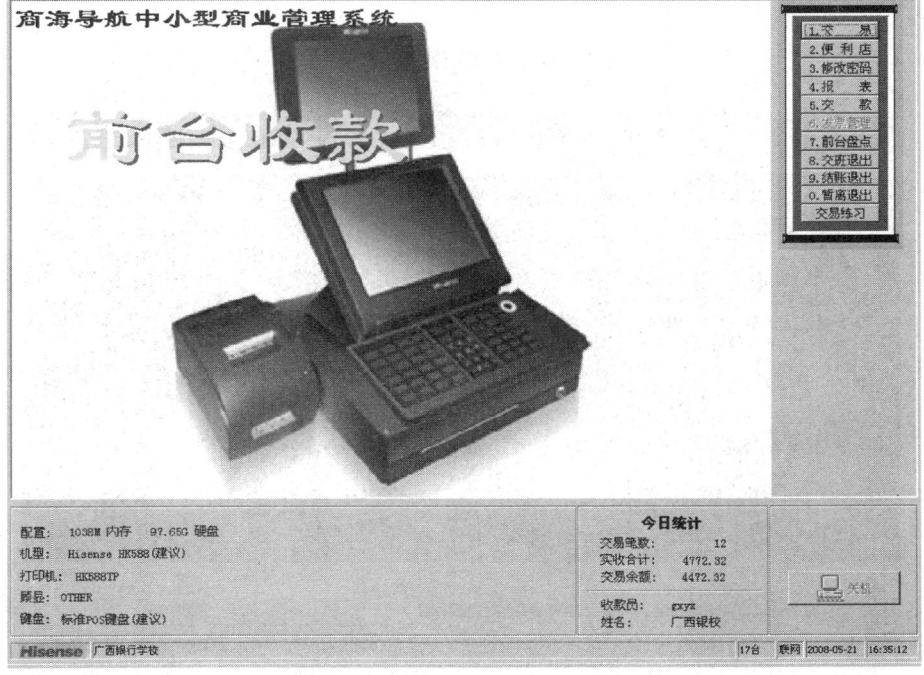

图4-7　进入前台收款操作界面

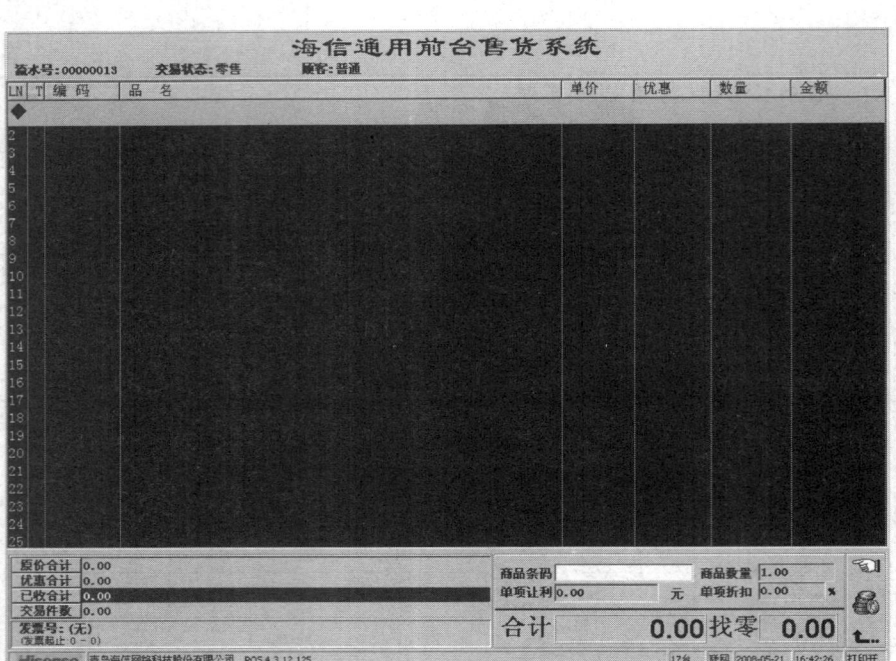

图4-8　交易操作界面

（2）用扫描器扫描商品包装上的13位条码，也可以通过键盘直接输入。输入条码或扫描后如图4-9所示。

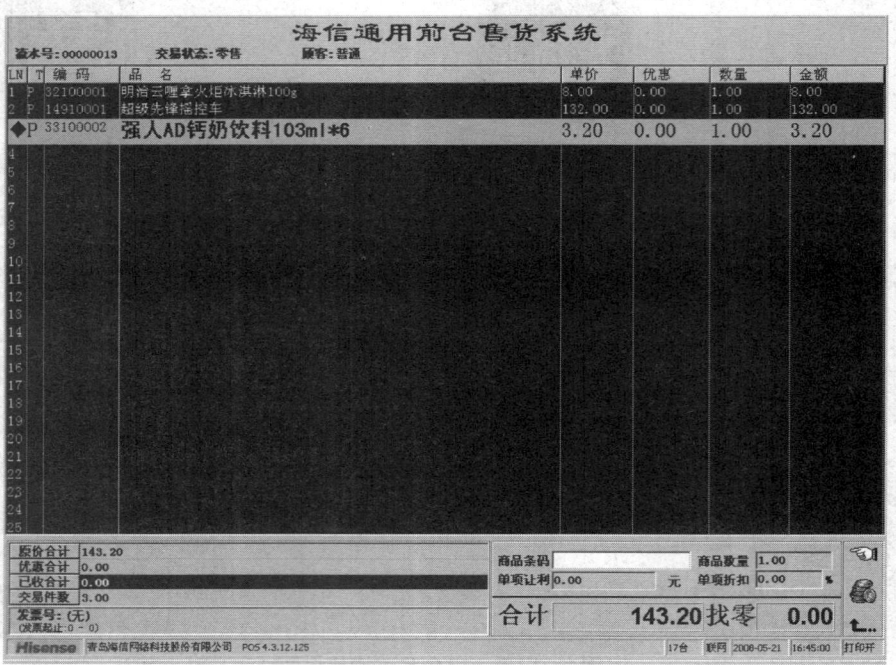

图4-9　交易操作界面

注：若需要一次输入多个相同的商品，必须先输入商品数量，然后再进行扫描或条码输入。

（3）输入商品数量。如果顾客仅购入一个同样的商品，则系统已默认是"1"，不必输入数量，如果购入多个同样的商品，按下已定义有数量的功能键后，数量处就有光标在闪动，输入数量即可。

若顾客购买多种商品，则重复（2）、（3）两个步骤。

若输入的商品未输入到商品库中（从后台输入），则前台就不能销售，系统会提示"该商品没有入账，不能销售"。

（4）按下"合计"键，进行结账。如果本次销售的商品都已经读取完毕，则按下"合计"键。按下"合计"键后，界面发生了变化，如图4-10所示。

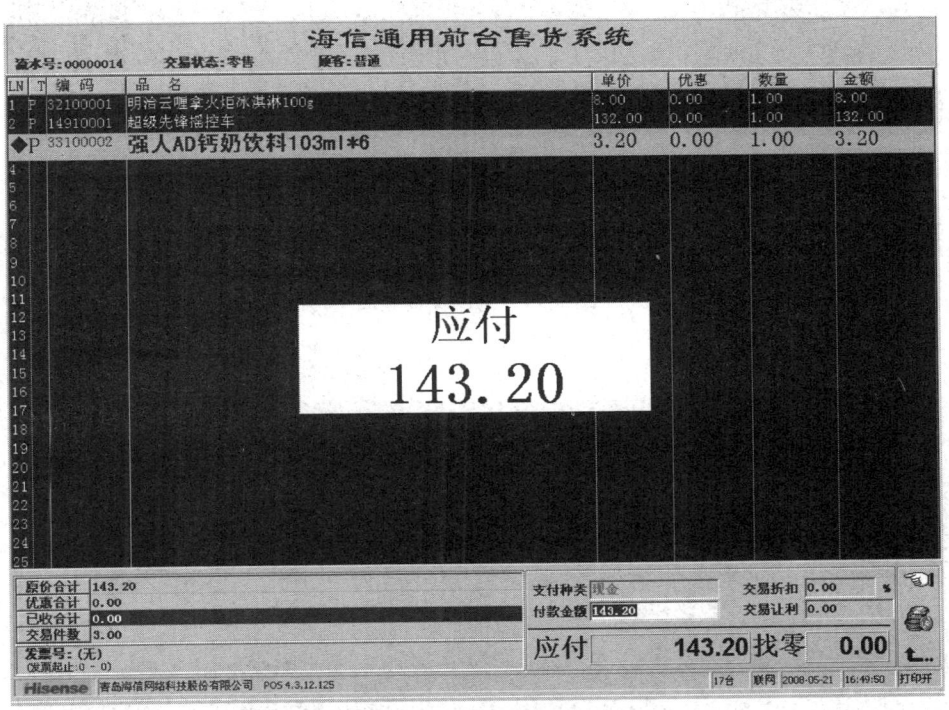

图4-10 交易操作界面

在"付款金额"处输入顾客给的钱数，如本次交易显示金额为143.20元，顾客给了150元，则输入150元，按下回车键后，出现"找零"数6.8元。如图4-11所示。

（5）找零后，关闭钱箱。

若想停止交易，则按下右下角的"箭头"图标退出交易。

（四）功能键的使用方法

在图4-11中的右下方有"手形"图标，选中后出现如图4-12界面。

在右上角出现的菜单里，有一个选项"功能键定义"，通过此选项用户可自行设置功能键，设定后用户可直接用功能键来执行该功能。

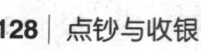

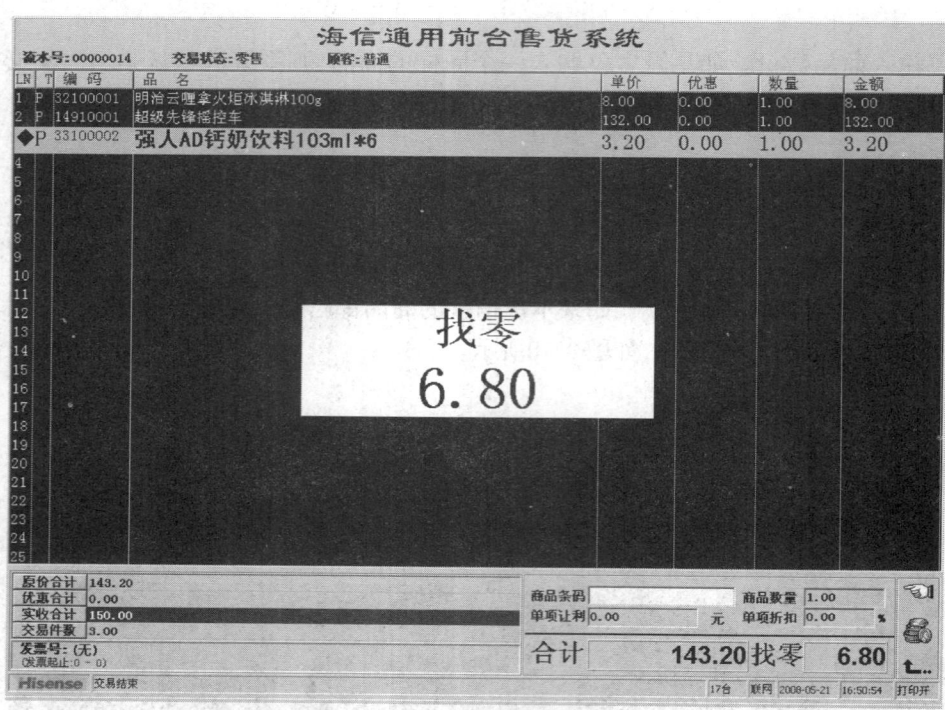

图4-11　交易操作界面

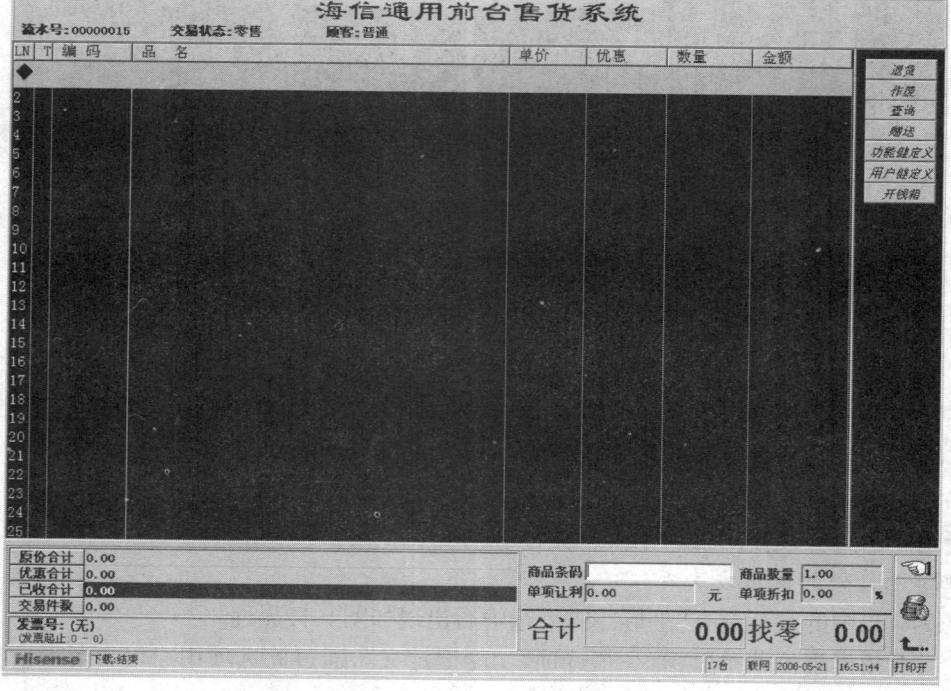

图4-12　操作功能键界面

例如,要设置一个"合计"键,步骤如下:

(1)点击"手形"图标,选中"功能键定义",出现如图4-13界面。

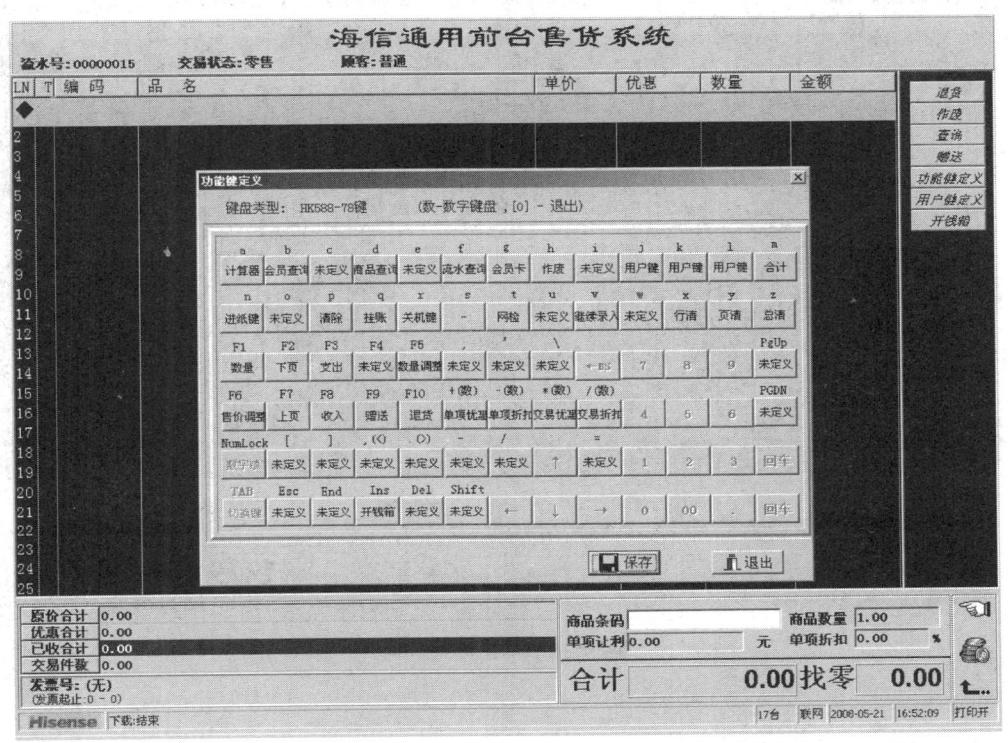

图4-13 操作功能键界面

(2)若将"m"键定为"合计"键,选中"m"后会出现一个下拉框,在框内选中"合计"后双击,原来"未定义"字样就变成了"合计"字样,保存后退出。

另外,常用的"数量、挂账、总清、行清、退货、赠送"等键,用户可根据自己的需要自行设置。

(五)特殊业务的操作

1.挂单

如果有的顾客在结算款项的过程中,仍需要到超市内购买别的商品,这时后面的顾客又在排队等候,可通过挂起的方法将已经输入的单挂起来,挂起后,屏幕将原录入的商品暂时隐蔽,回到未录入商品时的正常状态,这样就可以为下一顾客结账了。当该顾客返回继续结算时,可用同样的方法将该顾客的结算单调到屏幕上继续结账。

例如,某顾客正在结账中,收银员已录入了三种商品,若该顾客继续想到超市里购买别的商品,就可以进行挂账处理。具体操作如下:

(1)若挂账的功能键定为"q"(可以自定为哪一个键都行,参照功能键使用方法),则按下"q"后,系统会提示"真的要挂起这笔交易吗?",点击"是"后,显示屏回到最初状态,就可以进行为下一个顾客结账了。如图4-14所示。

(2)若该顾客购完商品重新回到收银台结账,则用同样的方法,即按下"q"后,系统会提示"确实要提账吗? ",点击"确定"后,显示器又显示出刚才录入的三样商品,继续录入新的商品

图4-14　挂单操作界面

后,就可以按正常程序结账了。

2. 退货

若系统设置时收款员有退货权限,则按下"退货"键(用功能键定义的方法或按下右下角的"手形"图标)后进入退货状态,扫描条码,输入数量就可以了。

如果没有设置退货权限,则进入退货状态后,系统会提示"请刷授权卡",这时就需要输入授权卡密码(在增加员工时已设置)。

注:退货时支付金额、数字均为负值。

3. 修改密码

在图4-7前台收款界面上有一个修改密码菜单,选中后出现如图4-15所示界面,输入原口令(原密码)和新口令,经确认新口令后,就显示"密码更改成功"了。修改后再次进入时就得使用新密码。如原密码是"888888",现在改为"123456"。

4. 暂离退出、交班退出、结账退出

(1)暂离退出:操作员因故暂时离开时,可选中图4-15中的"暂离退出"。选中后,在用户代号和用户密码处输入5次"00"(用0输满格)就可以暂停退出。

(2)交班退出:操作员换班时按下"交班退出",输入该操作员密码后按上述方法就可以退出。

(3)结账退出:一天营业终了后,在后台允许结账时可办理结账退出。一般来说,每天只做一次,交班时不需做结账退出。

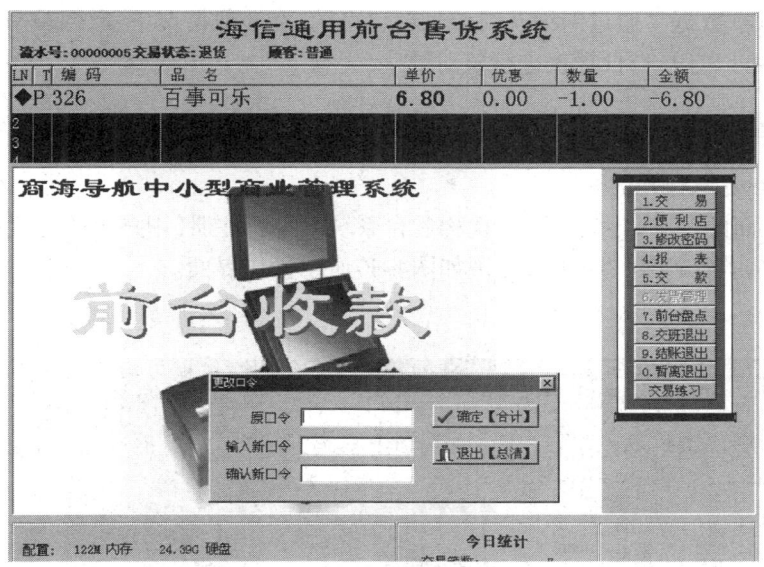

图4-15　修改密码操作界面

5. 总清、行清、页清

用功能键定义后,总清起到清除本次结账、回到商品输入前界面的作用;页清起到清除本次交易中本页的作用(假设交易量有多页);行清起到清除本行的作用。

6. 优惠

(1)单项优惠:在输入商品数量前,输入单项让利或单项折扣后,再扫入商品条码即可。

(2)整笔(对本次交易的总金额)优惠:在正常输入完毕,按下"合计"键(进行结账),再输入交易优惠额或交易折扣率即可。

(六)营业后的操作

营业后可以将前台收款界面中的"报表"打开,查看当日的销售情况。如图4-16所示。

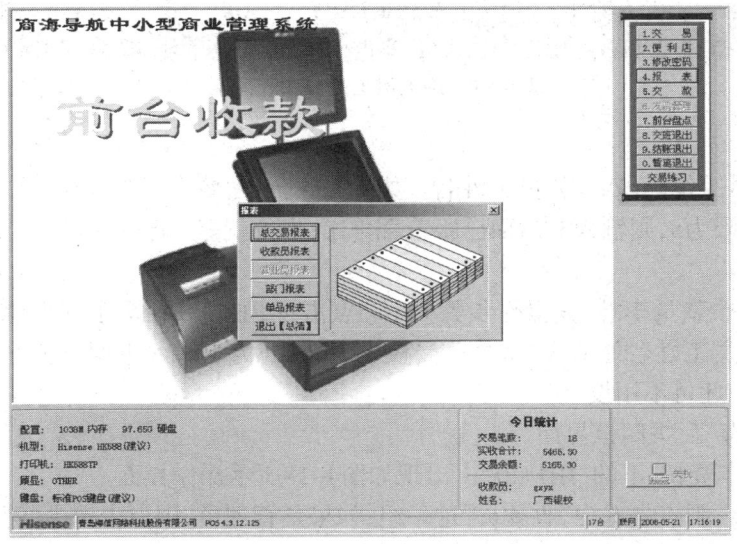

图4-16　营业后的操作界面

由于前台收款数据已通过网络及时传到后台系统,在一般情况下,收银员只需要将款交到财务部即可,不可以打开当日报表进行核对数字。

三、后台系统增加新员工及输入商品资料的操作流程

（一）增加新员工操作流程

（1）点击桌面的"商海导航"系统（也称后台系统），进行注册（用户密码与代号都是1001）。

（2）点击"基本资料"下"员工"，出现如图4-17所示操作界面。

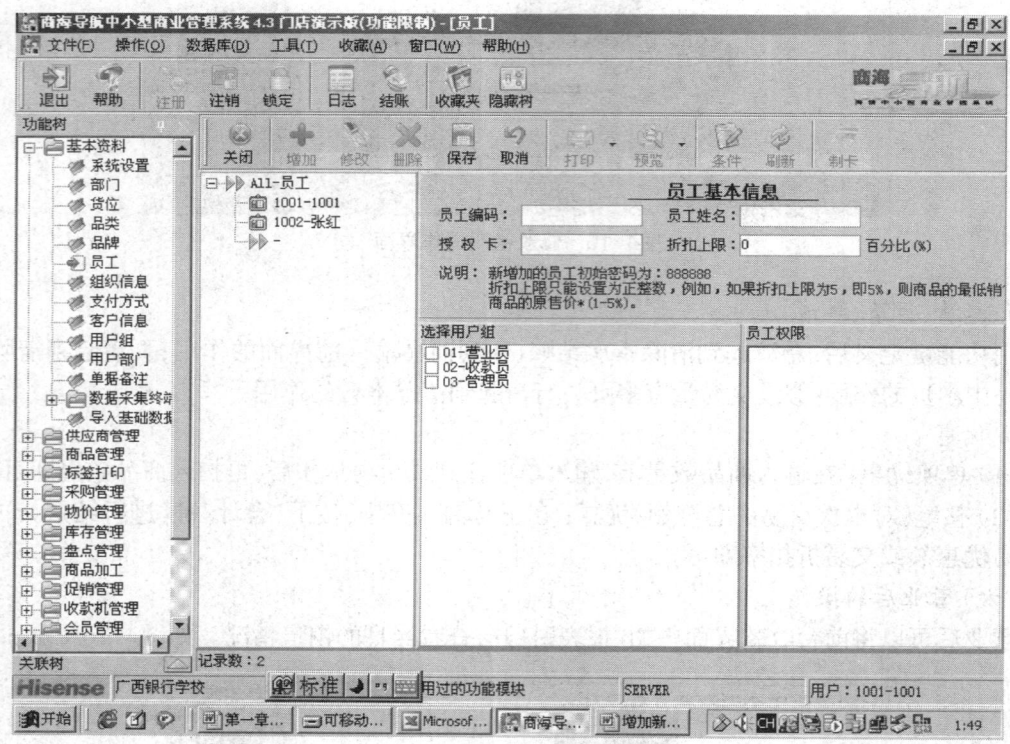

图4-17　增加员工的操作界面

按要求输入员工编码（四位），员工姓名。如果是收款员，要设置授权卡（是一串密码）和折扣上限，如折扣上限为5，则输入5，后面已跟着百分比，售价就等于原售价×（1-5%）。其他的可不在此设置。

例如，要新增收款员李林，其操作步骤如下：点击"增加"后，在员工基本信息下员工编码处输入"1003"，在员工姓名处输入"李林"，授权卡为1003（为了练习中便于记忆），折扣上限处输入"5"，用户组在此可不用设置。

（3）点击"保存"后关闭该界面。

（4）双击"基本资料"下的"用户组"。出现如图4-18所示操作界面。

如果是收款员，则点击选中"收款员"这一组；如果是管理员，则点击选中"管理员"这一组。每组打开后都有两个可供选择的菜单：

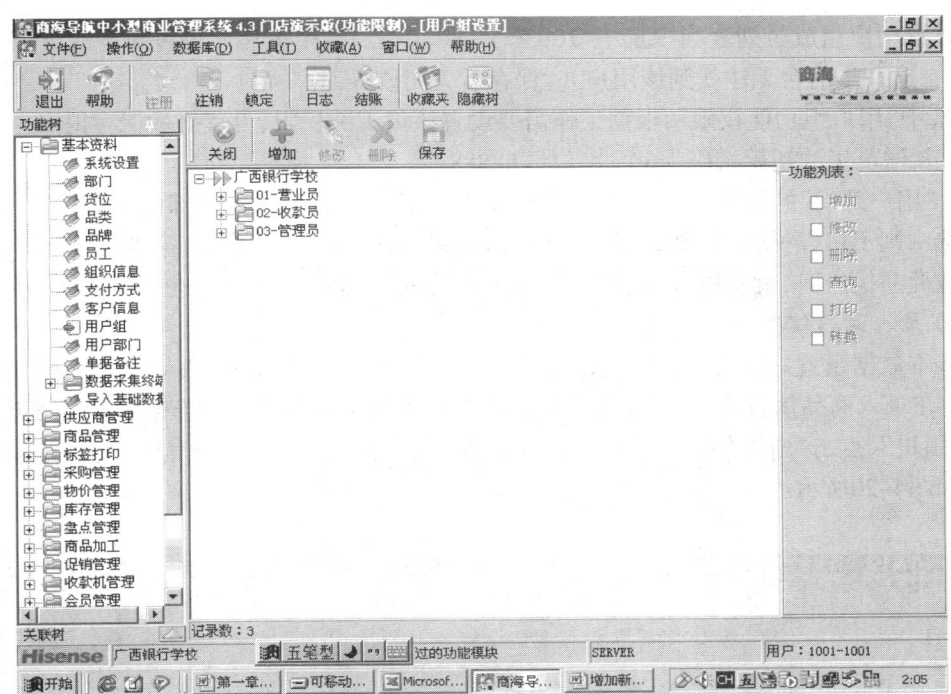

图4-18 对新增员工进行授权操作的界面

A. 选择"用户组成员",选择后点击"增加"(未选中之前"增加"为灰色不可用),出现如图4-19所示操作界面。

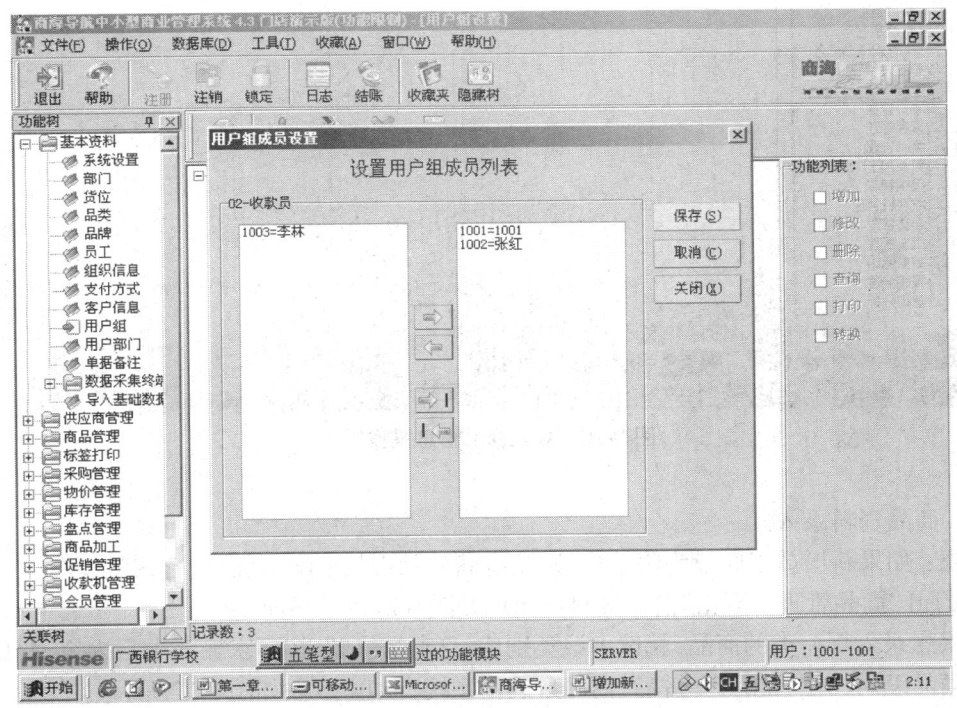

图4-19 对新增员工进行授权操作的界面

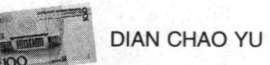

从设置用户组成员列表当中选中"1003=李林",点击"▷"键后便可将新增的员工列入用户组(没有这一步前台无法找到该用户)。保存后关闭该界面。

B. 选中"用户组功能权限",根据工作需要设置该员工的权限,设置好后保存退出。

注:新增员工的初始密码为6个"8",即"888888"。

(5)"用户部门"的设置。如果选中了该部门,则该用户就可以对该部门的数据进行操作;如果不选中则不可以操作。例如,对员工李林,如果在用户部门中选中了"家电"这一部门,则在输入家电商品信息时,就有权进行录入;否则会出现提示"没有对此部门进行操作的权利"。

(二)录入商品信息

在基本数据设置好以后,就可以录入商品信息了,也可以从Excel文件导入商品信息。

(1)在录入商品信息前,首先要将供应商信息录入到系统当中去。点击"供应商管理"下的"供应商引进",点击"增加"就可以录入有关供应商的信息。其他的合同信息可录入,也可以不录入。如图4-20所示。

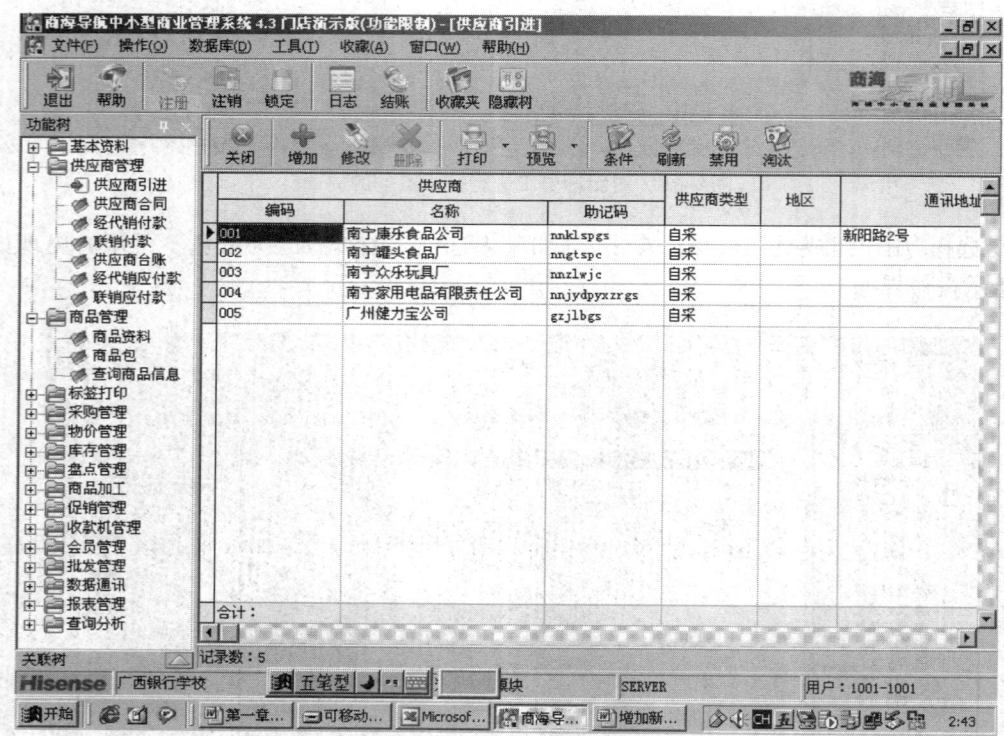

图4-20 录入商品信息操作界面

(2)商品资料录入。

注意:如果新增员工时设为收款员,则没有商品录入的权限,无法进行该项操作。

A. 打开"商品管理",双击"商品资料",出现如图4-21所示界面。

如果想录入哪一类的商品,就选中该类别后,点击"增加",按要求输入项目内容,此处只需要输入商品编码(6位),按回车键后,商品条码由系统自动生成。如图4-22所示。

在商品信息录入对话框的右下角,有一个"设置"按钮,此外可对一些常用项目进行设置,如果

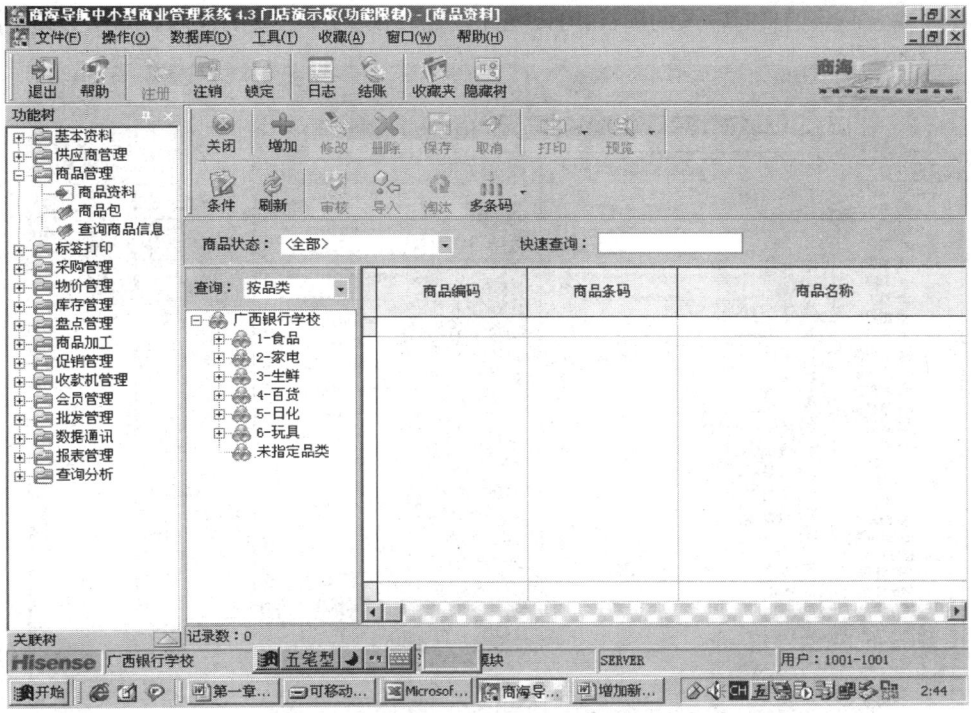

图4-21 录入商品信息操作界面

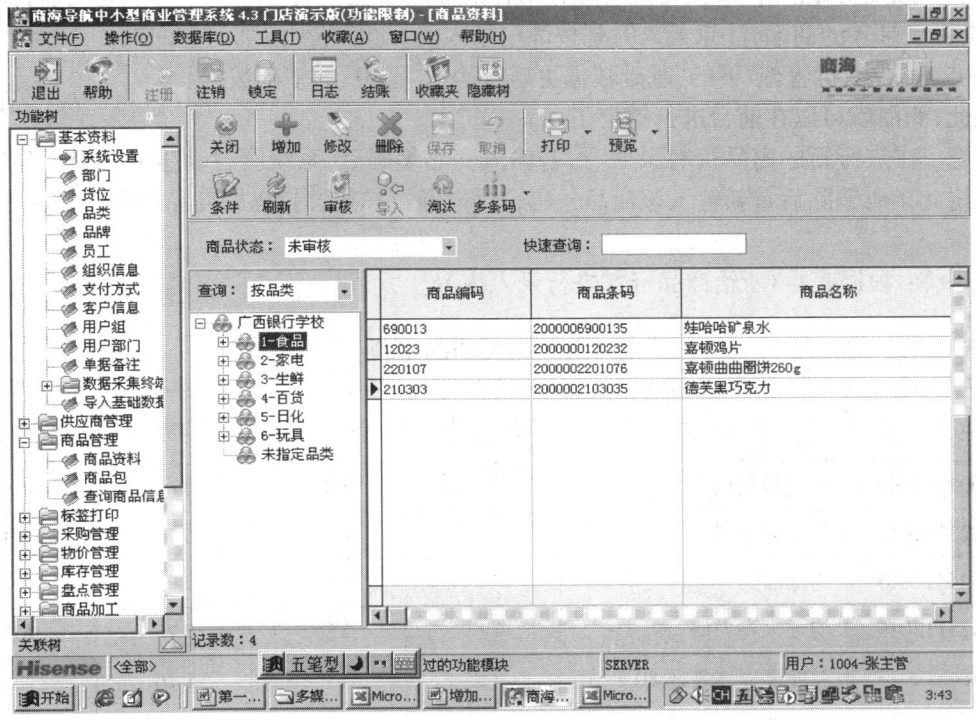

图4-22 录入商品信息操作界面

有不需要在输入商品信息时输入的项目,可以在此设置后,跳过不必要的输入。如图4-23所示。

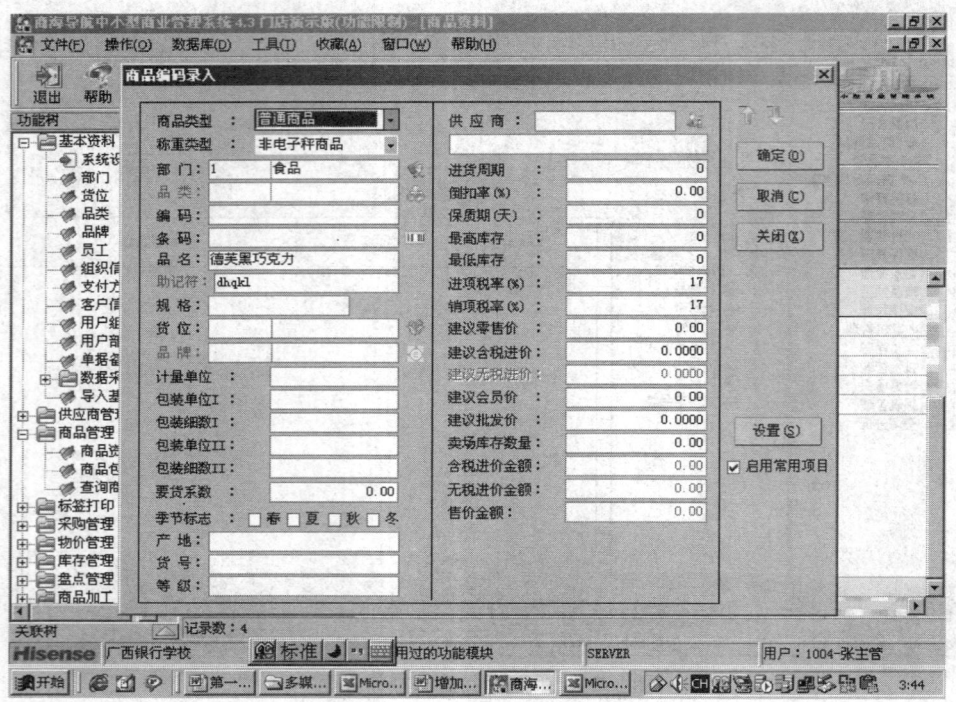

图4-23 录入商品信息操作界面

B. 录入完之后,点击"审核",没有经过审核的商品不能在前台销售。可以在"查看商品信息"下查看已录入的商品(注意录入时是按部门录入的,此时必须按部门查询)。

C. 点击"收款机管理"下的"基础数据更新",确认"选中"的基础数据。

至此,商品就可以在前台进行销售了。

注意:在进行新的商品资料录入时,若输入商品编码后,系统会自动生成一个商品条码,这时需将此条码删除后重新输入该商品条码,这样,通过扫描器扫描的商品条码跟商品库中的才能相符。

练一练:根据表4-1所给商品资料进行录入练习。

表4-1 相关商品资料

商品编码	商品名称	数量	单位	批发价(元)	零售价(元)
6901002110190	奇宝趣轻松	1	盒	4	4.5
6901823712014	均瑶草莓奶	1	盒	5.75	6.9
6901824412015	均瑶甜奶	1	盒	5.75	6.9
6901825112016	均瑶朱古力奶	1	盒	5.75	6.9
6901984512017	兰熊嘟嘟冰霜杯 80 g	1	个	1.16	1.5
6901394210018	吉百利鲜牛奶巧克力 35 g	1	盒	2.8	3.8

（续表）

商品编码	商品名称	数量	单位	批发价(元)	零售价(元)
6900067869135	均瑶纯味酸奶	1	盒	1.8	2
6901333980608	南方黑芝麻糊 480 g	1	袋	9.4	11.3
6901333993240	南方纯豆粉	1	袋	8	11.8
6901584080003	张裕天然红葡萄酒	1	瓶	15.2	18
6901584080065	张裕红葡萄酒 12 度	1	瓶	11.5	14.2
6914782082144	徐福记香酥沙琪玛 240 g	1	盒	6.9	8.2
6903148006511	两面针牙膏	1	支	6.5	8.2
6903148002773	佳洁士儿童牙刷	1	支	4.3	5.1
6903148000328	佳洁士牙膏 120 g	1	支	8.6	9.3
6903148000335	佳洁士防蛀牙膏 165 g	1	支	9.3	10.4
6903148000977	佳洁士牙刷	1	支	3.1	3.8
6903148002667	佳洁士牙刷	1	支	2.6	3.2
6900900201234	宝贝屋童装	1	件	36	48
6901770250030	宇宙毛巾	1	条	5.5	6.8
6901890250220	母子手提袋 5#	1	个	86	102
6905200174141	羽绒服	1	件	65	88
6905620005803	工作箱	1	个	153	180
690501235003	益智拼板	1	盒	8.6	10.2
690501007253	黑白棋	1	盒	16.2	18.9
690850172112	音乐狗	1	个	25.6	32.2
6908500050023	刺猬	1	个	12.2	15.3
6907000180378	微波炉用三格盘	1	个	15.3	18.7
6905322056020	花狗衣挂	1	个	3.5	4.2

第五节　收银员应知应会的知识与技能

一、认识中国零售业

（一）零售、零售业、零售商

零售就是直接销售商品给消费者；零售业是指通过买卖形式将工农业生产者生产的产品

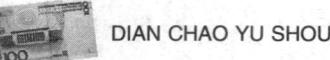

直接售给居民供生活消费用或售给社会集团供公共消费用的商品销售行业；零售商是以零售活动为本职能的中间商，介于制造商、批发商和消费者之间，是以盈利为目的的从事零售活动的经济组织。

（二）我国零售业态分布

零售业态是指零售企业为满足不同的消费需求而形成的不同的经营形态。零售业态是动态的、发展的概念。随着生产的发展、需求的增长，零售业态也在不断地发展。按照零售业态分类标准，我国零售业态分为百货店、超市、大型超市、专业店、专卖店和购物中心、便利店、折扣店、仓储式商品店等17种形式。这些形式的不同之处在于：

（1）超级市场——采取自选销售方式，以销售食品、生鲜食品、副食品和生活用品为主，是顾客每日需求的零售业态。超级市场实行敞开式售货、顾客自我服务的零售商店。其特点是：① 实行自我服务和一次性集中结算的售货方式。② 薄利多销，商品周转快。③ 商品包装规格化、条码化，明码标价，并要注有商品的质量和重量。

（2）便利店——是以满足消费者便利性需求为目的的零售业态，主要提供便利商品、便利服务。按照便利店的标准来说，其价格水准要高于超市的价格。顾客追求便利的时候，追求的亦是商品的功能，而不是价格，所以这是一个更高层次的消费需求。便利店是接近居民生活区的小型商店，营业时间长，以经营方便品、应急品等周转快的商品为主，并提供优质服务，如饮料、食品、日用杂品、报刊杂志、快递服务等。其商品品种有限，价格较高，但因方便，仍受消费者欢迎。

（3）大型综合超市——是指采取自选销售方式，以销售大众化实用品为主，满足顾客一次性购足需求的零售业态。它与超级市场的不同之处，在于它销售的是大众化的实用品，满足的是顾客一次性购足的需求。

（4）仓储式商场——仓储式商场以经营生活资料为主，储销一体、低价销售、提供有限服务的零售业态（其中有些采用会员制形式，只为会员服务）。其特点是：① 位于郊区低租金地区。② 建筑物装修简单，货仓面积很大，一般不低于1万平方米。③ 商品结构主要以食品（有一部分生鲜商品）、家庭用品、体育用品、服装衣料、文具、家用电器、汽车用品、室内用品等为主。④ 有较大规模的停车场。⑤ 开展自选式的销售，采取仓储式陈列。

（5）百货店——是指在一个大的建筑物内，根据不同的商品设立销售区，开展订货、管理、营运，满足顾客对时尚商品多样化选择需求的零售业态。它是大家最熟悉最成熟的一种经营方式。百货店是综合各类商品品种的零售商店，其特点是：① 商品种类齐全。② 客流量大。③ 资金雄厚，人才齐全。④ 重视商誉和企业形象。⑤ 注重购物环境和商品陈列。

（6）专业商店——是指专门经营某一类商品或某一类商品中的某一品牌的商店，突出"专"。其特点是：① 品种齐全。② 经营富有特色、个性。③ 专业性强。

（7）专卖店——是指专门经营或授权经营制造商的品牌，适应消费者对品牌选择需求的零售业态。其经营的商品可以不是某一类的商品，但是某一品牌的商品，如"鳄鱼品牌"系列产品，有衣服、皮带、皮夹、皮鞋、皮包等，这些都是一个品牌。消费者选择的是一个品牌，可能是一系列的产品，这种专卖店也发展得很好。

（8）购物中心——是指企业有计划地开发拥有管理营运的各类业态、服务设施的结合体。它是有计划开发的，由一些开发商来建设的。它与百货店的不同在于三权分离，物业、管理、经营形成独立三方，只有资本的渗透；与超级市场的不同在于购物中心有的主力店占很大比例，有主题、选址、设计,有统一计划,有管理公司统一管理。

(9) 折扣商店——是指以低价、薄利多销的方式销售商品的商店,其特点是:① 设在租金便宜但交通繁忙的地段。② 经营商品品种齐全,多为知名度高的品牌。③ 设施投入少,尽量降低费用。④ 实行自助式售货,提供服务很少。

(三) 零售新业态

近年来,不断升级的经营观念和管理手段,尤其是现代科技广泛应用于商品流通领域,进一步促进了零售业态的创新发展。加上居民消费水平的提高,业态的发展进入新的组合和创新阶段。

1. 连锁商业

连锁商业是指众多的、分散的、经营同类商品或服务的零售企业,在核心企业(连锁总部)的领导下,以经济利益为连接纽带,统一领导,实行集中采购和分散销售,通过规范化经营管理,实现规模经济效益的现代流通组织形式。

2. 连锁超市

连锁超市是连锁商业形式和超级市场业态两者的有机结合。它是我国现代零售业主流,在发展中进一步细分和完善。例如,大型综合连锁超市(GMS),主要经营大众商品,其中70%是百货,30%是食品。又如,仓储式会员店连锁超市,以零售方式运作批发,采用会员制。

3. 特许经营

特许经营是一种根据合同进行的商业活动,体现互利合作关系。一般是由特许授予人(简称特许人)按照合同要求、约束条件给予被授予人(简称受许人,亦称加盟者)的一种权利,允许受许人使用特许人已开发出的企业象征(如商标、商号)和经营技术、诀窍及其他工业产权。特许经营分为:① 商品商标型特许经营。② 经营模式特许经营。③ 转换特许经营。

4. 商业街

商业街由经营同类的或异类的商品的多家独立零售商店集合在一个地区,形成的零售商店集中区,也有集购物、休闲、娱乐综合功能的商业街。

5. 购物中心

购物中心由零售商店及其相应设施组成的商店群体,作为一个整体进行开发和管理,通常包括一个或多个大的核心商店,并有许多小的商店环绕其中,有庞大的停车场设施,顾客购物来去方便。购物中心占地面积大,一般在十几万平方米。其主要特征是容纳了众多各种类型的商店、快餐店、餐饮店、美容、娱乐、健身、休闲,功能齐全,是一种超巨型的商业零售模式。

随着零售业的进一步发展壮大,大量的收银员岗位摆在了求职者的面前,为中职学生就业打开了一条新的渠道。

二、收银结算方式

(一) 现金收银

1. 现金收银的步骤

通常意义上,现金指在中华人民共和国境内流通的人民币,也是人们常说的钞票。现金收银是商品即时交换时的现金往来现象,是零售企业交易中使用最广泛的收银方法。其显著特点是现钞收支,一次性完成,不存在债务拖欠关系。

现金收银的步骤是:问好、清点货物、扫描金额、清点现金、打印购物清单、表示感谢。

2. 现金收银中要注意的问题

(1) 当收银机电子钱箱的大钞票积至一定数额时，应立即请相关主管清点收回至店内的保险库存放。

(2) 因收银员在收款时收到假币造成的损失由收银员本人承担，故收银员平时要加强训练假币鉴别技术，在收银过程中应用"一看、二摸、三听、四测"的方法，快速作出判断，以免造成顾客排队。

(二) 银行卡收银

1. 银行卡收银简介

随着国内金融业的发展，我国各大商业银行纷纷推出了自己的银行卡，如建行的龙卡、工行的牡丹卡、农行的金穗卡等。这些银行卡的信息资料纷纷与各大消费场所联网。随着商品经济的发展和金融电子化步伐的加快，银行卡以其体积小、携带方便、安全等优点正在成为现代消费的主要形式。因此，收银人员必须能够娴熟地处理银行卡支付。

(1) 银行卡收银步骤，收卡和身份证、确认在本处该卡种业务和辨别身份证、刷卡、审核、将单据交持卡人签字、核定签字、还卡及身份证。

(2) 银行卡收银注意事项。

A. 收银员在接受银行卡结算时，一定要做到先查询余额、后结算货款的规范操作程序，如果不按照上述操作程序结算而导致的服务纠纷，由当天收银员负全责。

B. 如果在结算过程中，发现收银机上设置日期有误，应立即调整到当天日期，否则会造成无法结账的麻烦。

C. 若收款结算系统发生故障，应及时处理(咨询银行)。

D. 对于因线路问题引起重复划卡，应立即打电话给银行，确认是否已扣入账。如若银行也无法确认，应将顾客的联系地址、电话留下，以便日后查找到能尽快与顾客联系，并由收银员写清原因过程，交收银主管、店经理签名，由总部营运部给予意见后，交财务部。若已入账，在银行将款项划入公司账户后，经财务部核实后给予退款，由门店通知顾客领取退款。

E. 少刷金额时则补刷，多刷时应请收银主管或防损员核对后退回现金，并在相应的修正表和小票上登记。

2. 信用卡知识介绍

(1) 认识中国银联卡。银联卡是指经中国人民银行审核批准，由国内各发卡金融机构发行，按照中国人民银行统一的业务规范和技术标准，可以跨行跨地区使用的带有"银联"标识的银行卡。

"银联"标识以红、绿、蓝三种不同颜色银行卡的平行排列为背景，衬托出白颜色的"银联"汉字造型，突出了银行卡联网联合的主题。三种颜色，红色象征合作、诚信；蓝色象征畅通、高效；绿色象征安全。三种不同颜色银行卡的紧密排列象征着银行卡的联合。银联卡的主要特征：银行卡正面右下角印刷了统一的"银联"标识图案；贷记卡卡片正面的"银联"标识图案上方加贴有统一的全息防伪标志；卡片背面使用了统一的签名条。

银联卡于2002年1月10日首次在中国的北京、上海、广州、杭州、深圳5个城市的工商银行、建设银行、农业银行、中国银行等金融机构公开发行。它是我国目前发行量最大的银行卡，随着我国金融改革的进一步深化，中国银联卡也正在逐步走向世界。

(2) 目前国内主要的信用卡。按发卡机构来分，我们主要使用的信用卡有国际维萨卡

（Visa）、万事达卡（Master）和中国银联卡。维萨卡（Visa）和万事达卡（Master）作为国际著名品牌的信用卡,具有广泛的国际性和通用性。而中国的银联卡则是近年来迅速崛起的银行卡,随着我国金融改革的进一步开放和综合国力的不断增强,中国的银联卡也将走向世界。目前,国内银行发行的主要信用卡有如下几种:

A. 中国工商银行的牡丹信用卡。牡丹信用卡是中国工商银行发行的,是持卡人可在规定的信用额度内透支的准贷记卡。普通卡信用额度是5 000元,金卡是10 000元。牡丹信用卡可在工商银行网点和特约商户、带有"银联"标识的特约商户和自动取款机使用,还可在香港、澳门、韩国、泰国、新加坡等海外带有"银联"标识的特约商户和自动取款机使用,以人民币结算,具有转账结算、存取现金、透支消费等功能。

B. 中国农业银行的金穗信用卡。金穗信用卡（准贷记卡）是中国农业银行发行的人民币信用支付工具,具有存取现金、转账结算和消费等功能,并可根据发卡行规定享有一定透支便利,最高透支额度50 000元,目前仅限于中华人民共和国境内使用。

C. 中国银行的长城信用卡。中国银行长城信用卡为人民币账户和美元账户双币卡,支持境内外刷卡消费和预借现金。境内交易以人民币记账,境外交易以美元记账。先消费,后还款,最长50天免息期,让您更加灵活、自由地享用您的信用。

D. 中国建设银行的龙卡信用卡。龙卡信用卡是中国建设银行发行的龙卡系列产品之一,一卡双币（人民币和美元）,境内外通用,先使用后还款,消费最长享有50天的免息待遇,是一张国际标准信用卡。

（3）如何识别真假信用卡。面对近年来出现的假信用卡,可以从以下几个方面进行简单的识别:

A. 看塑料底片。真卡表面光滑,颜色不易脱落,底片有防伪标志;伪卡表面粗糙,颜色易脱落,底片一般无保护设计。

B. 看印刷。真卡颜色鲜明,字样清晰,卡面条纹清查整齐;伪卡字样模糊,颜色过深或过浅,卡面条纹不整齐,犹如贴在白卡上。

C. 看签名栏。真卡有重复发卡公司的商标;伪卡无公司商标,即全白色或有涂改痕迹,且签名不流畅。

D. 看压印。真卡卡号大写英文字母整齐有序;伪卡压印号与英文字母不整齐或大小有别,其中涂改卡旧卡号在卡面隐约可见。

（三）支票收银

1. 支票收银的步骤

在顾客消费金额较多时,为了省去携带大量现金的不便,在同城一般会用支票进行支付。这种现象一般发生在团体消费中。使用支票结算而省去点钞和验票的麻烦。

支票结算使用步骤为:验票（包括日期、金额、收款人、公章、有效期等）、验持票者的身份证件。

收银员发现填写不规范、手续不符合要求的支票有权拒收。

2. 支票的有关法律规定

（1）支票的概念。支票是由出票人签发,委托办理支票存款业务的银行在见票时无条件支付确定的金额给收款人或持票人的票据。

（2）支票的法律规定。支票出票人签发的支票金额,不得超出其在付款人处的存款金额。

如果存款低于支票金额,银行将拒付。这种支票称为空头支票,出票人要负法律上的责任。

3. 支票的使用规定

常见支票分为现金支票、转账支票,在支票正面上方有明确标注。现金支票只能用于支取现金(限同城内),转账支票只能用于转账。

(1)出票日期。出票日期必须大写,大写数字写法为:零、壹、贰、叁、肆、伍、陆、柒、捌、玖、拾。为了防止变造票据的出票日期,在填写月、日时,月为壹月、贰月和壹拾月的以及日为壹至玖和壹拾、贰拾、叁拾的,要在其前面加"零";日为拾壹至拾玖的,应在其前面加"壹",如2月12日写成"零贰月壹拾贰日"。

出票日期使用小写时,银行不予受理。大写不规范的,银行可以受理,但由此造成的损失由出票人承担。

(2)现金支票有一定限制,一般填写"备用金"、"差旅费"、"工资"、"劳务费"等。

(3)转账支票没有具体规定,可填写"货款"、"代理费"等。

(4)支票的有效期为10天,日期首尾只能算一天,节假日顺延。

(5)支票是否是统一规定印制的凭证,支票是否真实,提示付款期限是否超过。

(6)支票填明的收款人名称是否为本单位,收款人是否在支票背面"收款人签章"处签章,其签章是否与收款人名称一致。

(7)出票人的签章是否符合规定。

(8)支票的大小写金额是否一致。

(9)支票必须记载的事项是否齐全,出票金额、出票日期、收款人名称是否更改,其他记载事项的更改是否由原记载人签章证明。

(10)出票人账户内是否有足够支付的款项。

(11)支取现金的是否符合国家现金管理的规定。

4. 支票进账的收受规定

(1)若对支票有疑问,应立即通知总收,通过电话查询持票人的身份来决定是否收受。

(2)收受支票时,如遇5 000元以上的款项,不管任何企业,都必须倒进账,款到方能提货。

(3)5 000元以下的,可以不先进账,但需电话查询落实并登记,可直接提货。

(4)知名的大中型企业。

(5)行政单位,如省市政府、街道办事处、税务局、社保局、公安局、公证处、工商管理部门等。

(6)事业单位,如银行、电信局、邮局、部队、学校、公路征费处、电台、电视台、报社、科学研究院所、供电局、审计局、证券公司、卫生局、环保局、教委、事务所、大中型医院、公交系统等。

(7)经常到我单位来购物的往来单位。

(8)有部门经理以上人员担保者。

具有如下性质的单位,不管金额大小,一律必须钱先进账,款到账后方能提货:不知名的小企业、有限责任公司、商贸有限责任公司、贸易公司、房地产公司、私营小企业、发展公司、专卖公司、实业公司、合作公司、个体户等。

团购人员联系的购货单位,不适用上述规定限制,但必须由团购工作人员填写担保书,并在支票登记本上签名备案。总收人员应监督检查,并有权制止违反本规定的人和事。支票转账拿到回执后,方可提货,否则不予办理。

进账人员应询问银行经办人员该账上是否有足额资金。

（四）礼券结算方式

1. 礼券的定义

在市场竞争日益加剧的今天，商家的促销活动越来越多，各大商场、超市在节假日、店庆之际，在顾客购物满一定金额后，纷纷会送出各种各样的抵用券。顾客使用抵用券消费的情况也日益增多。

礼券是公司自行发售的一种提货券，它跟现金具有同等价值，可以在发行公司的任何一家下属门店购物，礼券上有其有效期、特定的印章或指定的人签名。

2. 使用时注意事项

（1）必须先确认其是否有效。

（2）收银员收到礼券时，必须要切换到礼券收款，录入金额。

（3）礼券使用时不能找零，必须一次购完，一张礼券不能分次使用。

（4）在收受完毕后，应立即签上收银员姓名或盖上已购物的印章，同现金一样保管，放在指定位置并一同上交。

三、条形码扫描技巧

（一）认识条形码

条形码是由粗细不同的"条"和"空"相间组合而构成的，是一组粗细不同、按照一定的规则安排间距的平行条图形。常见的条形码是由相差很大的黑条（简称条）和白条（简称空）组成。它的基本结构是由左侧空白、起始符、左侧数据符、中间分隔符、右侧数据符、校验符、终止符、右侧空白构成。条形码内含特定的信息，可以由扫描器读取并输进计算机进行处理。条形码的条、空组合部分称为条码符号，对应符号部分由一组阿拉伯数字组成，称为条码代码。条码符号和条码代码相对应，表示信息一致。条码符号用于条码识读设备扫描识读，条码代码供人识读。

（二）条形码的作用

条形码是迄今为止最经济、实用的一种自动识别技术。它的作用主要表现在：

（1）可靠准确性好：有资料可查，键盘输入每300个字符有一个错误，而条形码输入平均每15 000个字符一个错误。

（2）输入速度快：与键盘相比，条码输入的速度是键盘的5倍，能够实现"即时数据输入"。

（3）灵活实用：条形码可以用扫描器输入，也可以用手工键盘输入。

（4）采集信息量大：利用传统的一维条码一次可采集几十个字符，二维条码可以携带数千个字符。

（5）设备简单、制作容易：条形码符号识别设备的结构简单，操作容易，无需专门训练。条形码作为一种"可印刷的计算机语言"，其标签易于制作，对印刷技术设备和材料无特殊要求。

（三）条形码的种类

条形码最早出现于20世纪40年代，但得到实际应用和发展是在70年代左右。现在世界上的各个国家和地区都已普遍使用条码技术，在商品流通、图书管理、邮电管理、银行系统等许多领域得以广泛应用。

目前，零售企业广泛使用的是"国际物品编码协会"制定的国际通用商品条形码（EAN码）和"美国统一编码协会"制定的通用商品条形码（UPC码）。UPC码主要流通于美国和加拿大等

北美地区。EAN码通用于全世界。我国目前使用的是EAN码。EAN商品条码分为两种：一种是EAN-13位(标准版)，另一种是EAN-8(缩短版)。

国际物品编码协会分配给我国的条形码的前缀码为"690"、"691"和"692"。

（四）条形码扫描技巧

收银员是通过扫描商品条形码或手工输入条码信息来为顾客收银的，掌握条形码的扫描技巧有助于提高收银速度，快速的扫描是衡量收银员素质的重要指标。

（1）收银员在未接待顾客时应面向正前方规范站立，顾客携带商品前来付款时应使用礼貌用语并向顾客微笑致意，同时身体半侧转，承接顾客所购商品。

（2）收银员在扫码时应将商品从拎篮内取出，不得直接在拎篮内扫码。直接装在推车内的商品应先取出并有序置放在操作台前端(可请顾客取出)，然后再逐一扫码。

（3）收银员拿取拎篮或推车内商品时，应先将易碎商品及分量较重商品取出扫码装袋，然后将拎篮侧翻，对其余商品扫码操作。

（4）收银员对商品进行扫码前应先看顾客选购的所有商品，对装袋数量、大小作大致判断，按类别对商品进行次序扫码。

（5）商品在经过固定式条码阅读器有效阅读范围前略作停顿，完成扫码，收银员勿大幅晃动，以免多读。

（6）读码时收银员应听阅读器所发出的嘀鸣，声音异常应看屏幕显示的读码状况，每完成2~3个商品扫码后，收银员应略看屏幕上的商品名称、价格、数量是否正确，有疑问应进一步查看，禁止不看屏幕连续扫码。

（7）收银员对同种商品数量较少可以逐一扫码，不得对同一商品连扫代替逐一扫码。商品数量较多(4只及4只以上)，收银员应键入数量并核对实物数量是否一致。收银员应对包装相近的商品辨明清楚，避免将不同商品误作同一商品以数量键键入。对包装在一起的搭送赠品，收银员应避免将赠品条形码误作商品条形码扫入。

（8）顾客购买原封整箱商品的，收银员应找到纸箱上内装商品数量说明，以数量键键入并对相应单品扫码。应保证键入数量的正确与单品取样正确，对数量或者对应单品不能完全确定应开箱清点查看。

（9）顾客购买整箱商品，若包装或封条已拆开或有拆开痕迹，收银员应开箱查看商品清点数量。对不透明外包装并有可疑现象的，收银员可以打开包装查看。

（10）经扫码的商品应置放操作台后端，与未扫码的商品保持30 cm以上距离。

四、收银消磁工作中应注意的问题

为了便于商场、超市的防盗处理，一般商场、超市会在比较贵重的商品上使用防盗标签，当带有磁性的标签通过商场、超市出口的检测系统时，系统会发出警报。因此，对于已结账的商品，必须要经过消磁程序，才能保证顾客购物过程的顺畅。常用的标签分为软标签和硬标签两种。正确地消磁是收银员的工作之一。消磁的方法有两种：一是使用机器消磁，即用消磁器消磁；二是用手工进行消磁。收银员在消磁时一定要注意方法，软标签用消磁器进行消磁，硬标签一般用手工进行消磁。

收银消磁工作中主要注意以下的问题：

（1）每天上班做收银准备工作时必须接通消磁板电源，客服部应发给每个收银员一个防盗签,此硬签由收银员保管,专门作为收银员用来检测消磁板是否处于正常工作状态时使用。

(2)接通电源后,为了检验消磁板是否能正常工作,收银员应将一只手按在消磁板的盖板上,另一只手拿防盗硬签在盖板上晃动,如消磁板发出嗡嗡声,同时放在消磁板盖板上的手有轻微颤动的感觉,说明消磁板处于正常工作状态。

(3)如经用硬签检测消磁板时,既无声响也无颤动感觉,说明消磁板的电源未接通或有故障,此时应揭开收银台面板,将消磁板与电源线的接触部分按紧,同时检查电源插头与电源插座是否连接好,这些工作做完后如消磁板右下角的指示灯已亮,说明消磁板电源已接通,可正常工作。

(4)确认电源线连接无问题而消磁板指示灯不亮,请电工对电源线进行检测,如电源线有问题,则更换电源线,如电源线无问题则要求设备供应商对设备进行检测。

(5)收银稽核员反映某收银台有消磁不净的问题,此收银台的收银员应按上述方式重新检测消磁板是否处于正常工作状态。

(6)收银员应避免将商品和包装袋压在消磁板电源线上,这样做容易造成消磁板与电源线接触不良而导致消磁板断电。

(7)收银员应特别注意体积小、价格较高商品的消磁,如口香糖、巧克力、高中档内衣内裤、化妆品、洗涤用品等。在对商品进行消磁时应尽量降低商品的高度,并将商品的正反面分别进行消磁。

(8)每天结束收银工作后应关闭消磁板电源。

(9)特别注意不要将防盗硬签的钢钉丢弃在地板上,否则会引起人身伤害事故,由此引起的后果应由肇事者负全部责任。

五、票据填写方法

银行、单位和个人填写各种票据和结算凭证是进行结算和现金收付重要依据,直接关系到支付结算的准确、及时和安全。票据和结算凭证是银行、单位和个人凭以记载财务的会计凭证,是记载经济业务和明确经济责任的一种书面证明。因此,填写票据和结算凭证,必须做到标准化、规范化、要素齐全、数字正确、字迹清晰、不错漏、不潦草、禁止涂改。现将标准的填写格式与内容说明如下:

(1)中文大写金额数字应用正楷或行书填写,如壹(壹)、贰(贰)、叁(叁)、肆(肆)、伍(伍)、陆(陆)、柒(柒)、捌(捌)、玖(玖)、拾(拾);佰、仟、万、亿、元、角、分、零、整(正)等字样。不得自造简化字。

(2)如果金额书写中使用繁体字,如"圆"也应受理。

(3)中文大写金额数字到元为止的,在"元"之后,应写"整"(或"正")字,在角之后可以不写"整"或"正"字。大写金额数字有"分"的,分后面不写"整"(或"正")字。

(4)中文大写金额数字前应标明"人民币"字样,大写金额数字应紧接"人民币"字填写,不得留空白。大写金额数字前未印"人民币"字样的,应填写"人民币"三个字。

(5)阿拉伯小写金额数字中有"0"时,中文大写应按照汉语语言规律、金额数字构成和防止涂改的要求进行书写。举例如下:

A. 阿拉伯数字中间有"0"时,中文大写金额要写"零"字。例如,1 409.50,应写成:人民币壹仟肆佰零玖元伍角。

B. 阿拉伯数字中间连续有几个"0"时，中文大写金额中间可以写一个"零"字。例如，6 007.13应写成：人民币陆仟零柒元壹角叁分。

C. 阿拉伯数字万位或元位是"0"，或者数字中间连续有几个"0"，万位也是"0"，但仟位、角位不是"0"时，中文大写金额中可以只写一个"零"字，也可以不写"零"字。例如，1 680.32，应写成：人民币壹仟陆佰捌拾元零叁角贰分；或写成：人民币壹仟陆佰捌拾元叁角贰分；又如，107 000.53，应写成：人民币壹拾万柒仟元零伍角叁分；或写成：人民币壹拾万零柒仟元零伍角叁分。

D. 阿拉伯金额数字角位是"0"而分位不是"0"时，中文大写金额"元"后面应写"零"字。例如，16 309.02，应写成：人民币壹万陆仟叁佰零玖元零贰分。又如，325.03，应写成：人民币叁佰贰拾伍元零叁分。

（6）阿拉伯小写金额数字前面，均应填写人民币符号"￥"或草书。阿拉伯小写金额数字要认真填写，不得连写，让人分辨不清。

（7）票据的出票日期必须用中文大写。为防止变造票据的出票日期，在填写月、日时，月为壹、贰和壹拾的，应在其前加"零"，日为拾壹至拾玖的应在其前加"壹"。例如，1月15日，应写成：零壹月壹拾伍日；10月20日，应写成：零壹拾月零贰拾日。

A. 票据出票日期使用小写填写，银行不予受理。大写日期未按要求规范填写的，银行可予受理，但由此造成的损失，由出票人自行承担。

B. 支票的书写必须用碳素墨水，需要复写的票据用圆珠笔书写。

复习思考题

一、多项选择题

1. 收银员职业道德规范的内容包括(　　)。
   A. 爱岗敬业　　　　B. 奉公守法　　　　C. 微笑服务　　　　D. 诚实守信

2. 通常每日收银流程包括(　　)。
   A. 营业前准备流程　　　　　　　　B. 营业中收银工作流程
   C. 营业后工作流程　　　　　　　　D. 营业中暂停工作流程

3. 营业前的收银工作包括(　　)。
   A. 开晨会　　　　　　　　　　　　B. 补充收银台附近货柜的商品及清点备用金
   C. 检验收银机　　　　　　　　　　D. 整理仪容、仪表

4. POS收银机的构造包括(　　)。
   A. 主机　　　　　B. 数据存储器　　　　C. 磁卡阅读器　　　　D. 钱箱

5. 收银机操作前应作(　　)等准备工作。
   A. 检查收款机电源是否正常性
   B. 检查收款机、信用卡等设备状况是否处于正常状态
   C. 查看打印纸是否够用

D. 了解系统日期是否正确

6. 收银员岗位职责包括(   )。

   A. 保持款台及周围环境的清洁

   B. 做好交接班和班前准备工作

   C. 唱收唱付,保证每笔账款正确、无误

   D. 任何减、免业务都应有主管或经理签署,否则不得减免

7. 收银员技术等级分为(   )。

   A. 初级收银员   B. 中级收银员   C. 高级收银员   D. 一级收银员

8. 收银员职业道德意识包括(   )。

   A. 顾客意识   B. 提高自身技能意识

   C. 合作意识   D. 规范意识

9. 收银员是每个商业企业的窗口,收银员服装仪容的检查包括(   )。

   A. 统一着装   B. 制服是否整洁

   C. 是否佩带规范的胸卡   D. 发型是否规范

10. 现金收款方式的操作流程主要包括(   )。

   A. 清点货物   B. 扫描金额   C. 收取现金   D. 打印购物清单

11. 商品分类装袋的原则是(   )。

   A. 生鲜食品可以与百货食品混合装袋   B. 生熟分开

   C. 水果不能和未处理的生鲜食品放在一起 D. 化学用剂类不与食品、百货混装

12. 目前国内银行发行的主要信用卡有(   )。

   A. 中国工商银行的牡丹信用卡   B. 中国农业银行的金穗信用卡

   C. 中国银行的长城信用卡   D. 中国建设银行的龙卡信用卡

13. 收银员的微笑应做到(   )。

   A. 甜美   B. 温和   C. 友好   D. 自然亲切

二、判断题(正确的打"√",错误的打"×")

1. 技术过硬是收银员基本素质的首要要求。(   )

2. 收银员的主要任务是在百货商场、超级市场、购物中心、卖场等商业零售行业从事收银工作。(   )

3. 收银员不得擅自离开岗位,离岗必须得到收银主管的同意。(   )

4. 员工购物时,都必须在公司指定的收银机处付款。(   )

5. 收银员趁收银空闲时,可以在款台内看书学习,以提高自己的技能。(   )

6. POS机在进行收银结算时,能自动记录商品销售的原始资料和其他相关的资料。(   )

7. 收银员要注意自己的服务态度和服务技巧,不管任何情况,不得和顾客发生争吵。(   )

8. 为顾客结账服务时,要做到三唱服务:"总共××元/收您××元/找您××元"。(   )

9. 在店门口遇到购买了本店商品的顾客,可以不用打招呼。(   )

10. 根据支票进账的有关规定,收受支票时,如遇5 000元以上的款项,对于老客户,可以先提货,后进账。(   )

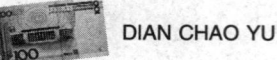

11. 使用银行卡结账付款的,只须核对客户输入的银行卡密码,不用核对客户的签名和身份证件。(   )

12. 收银员在结账发生错误时,如果是顾客方面的原因造成的,只要立即纠正错误就行了,不必向顾客作过多的解释和致歉。(   )

13. 收银员在给顾客包装商品时,为了节约包装袋,可以将生鲜食品和干货、百货类食品一起包装入袋。(   )

14. 收银员在收银过程当中,如遇到有事情要离开时,锁上收银机具即可离开。(   )

15. 在收银过程当中,如顾客因现金不足,决定不购买时,因及时提醒客户下次购买商品时要量力而行。(   )

16. 条形码因其扫描速度快,准确可靠而受到广泛的使用。但其制作成本高,设备也复杂。(   )

三、简答题

1. 收银员职业道德规范的内容是什么?

2. 收银员应如何加强职业道德修养?

3. 收银员在营业后缴款有何规定?

4. 正确的商品装袋顺序是什么?

5. 收银员离开收银台有何规定?

6. 收银员行为规范中的"八不准"是什么?

7. 银行卡收银的步骤是什么?

四、实训题

1. 任课教师组织学生讨论职业道德对收银职业的重要意义。

2. 组织学生到超市进行实地观察,了解收银环境,观察收银员的操作过程及收银机的构成和外部设备。

3. 将学生进行分组,分别扮演学生和顾客的角色,让扮演收银员的学生使用规范的用语,让扮演顾客的学生提出不同的服务要求。

综合测试题

一、单项选择题

1. 人民币由(　　)印制。
　　A. 国有独资的印刷企业　　　　　　B. 财政部指定的专门企业印制
　　C. 中国人民银行指定的专门企业　　D. 国务院指定的专门企业印制

2. 伪造的货币是指(　　)的假币。
　　A. 造假手段制造　　　　　　　　　B. 仿照真币的图案、形、色彩等采用各种手段制作
　　C. 仿照真币　　　　　　　　　　　D. 剪贴人民币

3. 《中华人民共和国中国人民银行法》明确规定：人民币由(　　)统一发行。
　　A. 中国人民银行　　B. 国务院　　　　C. 中华人民共和国　　D. 商业银行

4. (　　)人民币流通时间最长。
　　A. 第一套　　　　　　B. 第二套　　　　　C. 第三套　　　　　　D. 第四套

5. 第一套人民币于(　　)开始发行。
　　A. 1948年10月1日　　　　　　　　B. 1949年10月1日
　　C. 1949年12月1日　　　　　　　　D. 1948年12月1日

6. 第一套人民币最大面额是(　　)元。
　　A. 10 000　　　　　　B. 20 000　　　　　C. 50 000　　　　　　D. 5 000

7. 大部分假人民币所使用的纸张在紫外光灯下(　　)反映,假币纸张中不含(　　)纤维。
　　A. 没有荧光,无色荧光　　　　　　B. 没有荧光,有色荧光
　　C. 有蓝光,无色荧光　　　　　　　D. 有荧光,有色荧光

8. 到目前为止,中国人民银行已发行了(　　)套人民币。
　　A. 2　　　　　　　　　B. 3　　　　　　　　C. 4　　　　　　　　D. 5

9. 鉴别人民币纸币(特别是大面额纸币),最简便的方法之一是"手摸",真钞表面文字及主要图案有凹凸感,这种"凹凸"效果产生于印刷方式(　　)。
　　A. 普通胶印　　　　　B. 雕刻四版　　　　C. 凸版　　　　　　　D. 雕刻凸版

10. 个人(　　)将大面额人民币兑换成小面额人民币。
　　A. 可以到办理人民币存取款业务的金融机构　　B. 可以到人民银行货币发行部门
　　C. 可以到任何金融机构　　　　　　　　　　　D. 不能

11. 收缴单位应当自收到鉴定单位通知之日起(　　)日内,将需要鉴定的货币送达鉴定单位。
　　A. 2　　　　　　　　　B. 3　　　　　　　　C. 15　　　　　　　D. 30

12. 美国政府于(　　)发行了新版10美元。
　　A. 2005年10月1日　　　　　　　　B. 2006年3月1日
　　C. 2006年3月2日　　　　　　　　　D. 2006年10月1日

13. 汇丰银行发行的港元冠字号码采用了(　　)。

  A. 横竖双号码　　　　B. 横竖异形双号码　　C. 双色横号码　　　　D. 异形横号码

14. (　　)面额日元纸币采用了隐形面额数字防伪措施。

  A. 1 000　　　　　　B. 2 000　　　　　　C. 5 000　　　　　　D. 10 000

二、多项选择题

1. (　　)欧元面额纸币采用了光变油墨技术。

  A. 20　　　　　　　B. 50　　　　　　　C. 100　　　　　　D. 200

2. (　　)欧元面额纸币采用了凹印盲文标记。

  A. 20　　　　　　　B. 50　　　　　　　C. 500　　　　　　D. 200

3. 下列行为中,(　　)是《中华人民共和国人民币管理条例》所禁止的。

  A. 伪造、变造人民币　　　　　　　　B. 故意毁损人民币

  C. 持有伪造、变造的人民币　　　　　D. 制作、仿制、买卖人民币图样

4. 以下方式中,造假分子伪造人民币安全线一般采用(　　)。

  A. 用油墨在票面上印刷一个线条

  B. 在夹层中放置与安全线等宽的聚酯类线状物

  C. 在票面对应开窗位置留有断口,使聚酯类线状物从一个断口伸出,再从另一个断口埋入,用以伪造开窗安全线

  D. 假币正面用浅灰色油墨烫印一条线条,呈铝灰色

5. 以下方式中,造假分子一般采用(　　)伪造人民币的光变面额数字。

  A. 用彩色笔直接涂上　　　　　　　B. 用无色荧光油墨印刷

  C. 使用珠光油墨丝网印刷　　　　　D. 用普通单色油墨平版印刷

6. 收银员的工作内容包括(　　)。

  A. 为顾客结账

  B. 负责结算用的凭证的保管

  C. 负责现金、支票等营业资金的收取与上缴

  D. 收款凭证和各种表单的装订与上缴

7. 收银工作的特点有(　　)。

  A. 专业性　　　　　B. 规范性　　　　　C. 熟练性　　　　　D. 服务性

三、判断题(正确的打"√",错误的打"×")

1. 纪念币是具有特定主题、限量发行的人民币,它分为普通纪念币和贵金属纪念币。(　　)

2. 第五套人民币各面额纸币上的盲文点均在票面正面的右下方。(　　)

3. 第五套人民币各面额纸币均采用的是双面凹印。(　　)

4. 1999年版第五套人民币纸币中红、蓝彩色纤维分布是有规则的。(　　)

5. 收缴单位应当自收到鉴定单位通知之日起5个工作日内, 将需要鉴定的货币送达鉴定单位。(　　)

6. 办理货币存取款和外币兑换业务的金融机构均可办理货币真伪鉴定。(　　)

7. 因情况复杂,鉴定机构不能在规定的15个工作日内完成鉴定工作的,可延长至20个工作日,但必须向申请人或申请单位说明原因。(　　)

8. 在紫外光灯下，可以看到欧元纸张中有明亮红、蓝、绿三色无色荧光纤维。（　　）

9. 2 000日元正面右上角的面额数字是用光变油墨印刷的，在与票面垂直角度观察呈蓝色，倾斜一定角度则变为紫色。（　　）

10. 收银台可以以结账为由不必为正在等待的顾客结账。（　　）

11. 在现金收银过程中，收银员不小心收到假币，应及时报告当班领班，说明情况，以便事后报损。（　　）

12. 在收银工作中，应热情待客，尊重顾客。假如遇到刁蛮的顾客无理取闹，则应该据理力争，决不姑息。（　　）

四、简答题

1. 什么是纪念币？人民币纪念币包括哪几种？

2. 第五套人民币2000年发行的1角硬币与2005年发行的1角硬币相比，有什么不同？

3. 金融机构办理假币收缴业务的人员应取得什么证书？

4. 收银工作有哪些特点？

五、案例分析题

张先生到某银行存款，储蓄柜台工作人员小李发现其中有1张50元纸币像是假币，她马上叫来储蓄主管，两人经过仔细辨别后，确认这张50元纸币是从未见过的假币种类，于是当着张先生的面盖上假币章，并开具了假币没收凭证，盖好章，将凭证交给张先生签字，并告知了其权利。张先生虽予以了配合，但仍不服气，又递进一张50元纸币要求换出假币去人民银行鉴定。小李和储蓄主管商量片刻，确认递进来的50元纸币是真币后，将假币交给了张先生。请指出这个案例中的操作是否违反假币收缴程序，为什么？

复习思考题答案

第一章 点 钞

一、单项选择题

1. D　2. B　3. C

二、多项选择题

1. AB　2. ABC

三、判断题

1. √　2. ×　3. √

四、简答题(略)

第二章 人民币常识

一、单项选择题

1. A　2. A　3. C　4. B　5. A　6. C　7. A　8. A　9. C　10. A　11. A　12. A　13. C　14. B　15. C
16. D　17. C　18. C　19. C　20. B　21. C　22. C　23. C　24. A　25. D　26. B　27. C

二、多项选择题

1. ACD　2. AB　3. BCD　4. AC　5. AB　6. ABC　7. BD　8. AC　9. AB　10. AB　11. AB　12. ABC

三、判断题

1. ×　2. ×　3. ×　4. ×　5. √　6. ×　7. √　8. √　9. ×　10. ×　11. ×　12. √　13. √　14. √
15. √　16. √　17. √　18. √　19. ×　20. √

四、简答题(略)

五、案例分析题

1. 违反了《中国人民银行假币收缴鉴定管理办法》规定的假币收缴程序。具体是：

(1) 王军未持《反假货币上岗资格证书》上岗。

(2) 收缴过程离开了持有人视线范围，没有做到"当面收缴"、"当面盖戳"。

(3) 银行应开具《假币收缴凭证》而非假币没收凭证。

(4) 没有履行告知程序。

2. 违反了《中国人民银行假币收缴、鉴定管理办法》规定的假币收缴程序。小王应当面将美元假币以统一格式的专用袋加封，封口处加盖"假币"字样戳记，并在专用袋上标明币种、券别、面额、张数、冠字号码、收缴人、复核人名章等细项。

3. 违反了《中国人民银行假币收缴、鉴定管理办法》规定的假币鉴定程序。具体是：

(1) 小李不应受理李女士电话鉴定请求。

(2) 小李11月25日通知收缴单位送达需鉴定货币，超过了规定时限。

4. 公安机关的处罚是正确的。其处罚依据是《中华人民共和国人民币管理条例》第六条：任何单位和个人都应当爱护人民币。禁止损害人民币和妨碍人民币流通。第二十七条：禁止下列损害人民币的行为：第一款，故意毁损人民币；第四十三条：故意毁损人民币的，由公安机关给予警告，并处1万元以下的罚款。

第三章 外 币

一、单项选择题

1. C   2. B   3. B   4. C   5. C   6. C   7. B   8. B   9. B   10. A   11. C   12. A   13. A   14. B   15. B
16. A   17. C   18. A   19. B   20. A   21. C   22. C

二、多项选择题

1. ABC   2. BCD   3. CD   4. AD

三、判断题

1. ×   2. √   3. ×   4. ×   5. √   6. ×   7. √   8. ×   9. √   10. √   11. ×

四、简答题(略)

第四章 收 银

一、多项选择题

1. ABCD   2. ABC   3. ABCD   4. ABCD   5. ABCD   6. ABCD   7. ABC   8. ABCD   9. ABCD   10. ABCD
11. BCD   12. ABCD   13. ABCD

二、判断题

1. √   2. √   3. √   4. √   5. ×   6. √   7. √   8. √   9. ×   10. ×   11. ×   12. ×   13. ×   14. ×
15. ×   16. ×

三、简答题(略)

四、实训题(略)

综合测试题答案

一、单项选择题

1. C 2. B 3. A 4. C 5. D 6. A 7. C 8. D 9. B 10. A 11. A 12. C 13. B 14. B

二、多项选择题

1. BCD 2. CD 3. ABCD 4. ABCD 5. CD 6. ABCD 7. ABCD

三、判断题

1. √ 2. √ 3. × 4. × 5. × 6. × 7. × 8. √ 9. √ 10. × 11. × 12. ×

四、简答题(略)

五、案例分析题

违反了《中国人民银行假币收缴、鉴定管理办法》规定的假币鉴定程序。具体是:

(1)发现属于利用新的造假手段制造的假币,小李应当立即报告公安机关。

(2)小李应开具《假币收缴凭证》而非假币没收凭证。

(3)不应将假币退还顾客。

附 录

收银员常用英语会话

一、问候

1. Good morning, sir!

先生,早晨好!

2. You are welcome!

欢迎光临!

3. Welcome to buy here!

欢迎您选购!

4. Welcome to come here again!

欢迎您再来!

5. Have a good day!

祝您愉快!

二、感谢与应答

1. Thanks!

谢谢!

2. Not at all!

别客气!

3. It's most thoughtful of you!

您想得真周到!

4. It was the least I could do!

这是我应该做的!

5. You're welcome!

我很满意!

三、购物

1. Will be charge or cash?

刷卡还是付现金?

2. Take you sixty dollars, sir.

收您60美元,先生。

3. Please keep your turn.

请大家排好队。

4. Excuse me, do you have any small change?

请问您有零钱吗?

5. Yes, please do.

好,请说。

6. How much, please?

请问,多少钱?

7. Please pay twenty-two yuan.

请付22元。

8. We don't give discounts.

我们不打折。

9. It has a little dear.

这个比较贵。

10. Could you check it again?

可不可以麻烦您再确认一次账单?

主要参考书目

1. 姜玲,贺湘辉.收银员工作手册[M].广州：广东经济出版社,2007.

2. 王淑燕,李艳秀.收银人员岗位培训手册——收银人员应知应会的9大工作事项和68个工作小项[M].北京：人民邮电出版社,2007.

3. 张春华.金牌店员必修课：收银员的精彩修炼[M].北京：中国宇航出版社,2007.

教学课件索取单

敬爱的老师：

感谢您使用 21 世纪中职教育规划教材。为了方便您的教学，本书配有相关的教学课件。如果您需要，请您填写下面表格中的相关信息，并以电子邮件的形式发到我社，我们在核对您的信息后，会免费向您提供教学课件。

我们的联系方式：

地址：上海市中山西路 2230 号立信会计出版社　　邮编：200235

电子邮件：victoria_tysx@126.com　　　　　　　电话：(021)64411223(0)

姓　　名		性别		身份证号			
学　　校				学院、系		教研室	
学校地址					邮　　编		
职　　务			职　　称			办公电话	
E-mail			手　　机			宅　　电	
通信地址					邮　　编		
教材用量		册	委托订购单位				

您对本书的使用有什么意见和建议？

_____

_____

_____

_____